J'anime des débats philo avec les maternelles et les 6-8 ans

# 3—8岁儿童的哲学讨论课
## 用故事启蒙孩子的哲学思维

［法］朱利安·拉弗尼（Julien Lavenu）／著
郭海婷／译

中国轻工业出版社

## 图书在版编目（CIP）数据

3—8岁儿童的哲学讨论课：用故事启蒙孩子的哲学思维 /（法）朱利安·拉弗尼（Julien Lavenu）著；郭海婷译. -- 北京：中国轻工业出版社，2025.7.
ISBN 978-7-5184-5419-8

Ⅰ.B

中国国家版本馆CIP数据核字第2025LC8305号

## 版权声明

Title of the original French edition:
J'anime des débats philo avec les maternelles et les 6-8 ans
© Julien Lavenu, LaboPhilo, 2019
All rights reserved.

保留所有权利。非经中国轻工业出版社"万千教育"书面授权，任何人不得以任何方式（包括但不限于电子、机械、手工或其他尚未被发明或应用的技术手段）复印、拍照、扫描、录音、朗读、存储、发表本书中任何部分或本书全部内容，以及其他附带的所有资料（包括但不限于光盘、音频、视频等）。中国轻工业出版社"万千教育"未授权任何机构提供源自本书内容的电子文件阅览、收听或下载服务。如有此类非法行为，查实必究。

责任编辑：牟 聪　　　　责任终审：吴 红
文字编辑：徐烨佳　　　　责任校对：刘志颖
策划编辑：孔胜楠　　　　责任监印：吴维斌

出版发行：中国轻工业出版社（北京鲁谷东街5号，邮编：100040）
印　　刷：三河市鑫金马印装有限公司
经　　销：各地新华书店
版　　次：2025年7月第1版第1次印刷
开　　本：880×1230　1/32　印张：6.75
字　　数：123千字
书　　号：ISBN 978-7-5184-5419-8　定价：52.00元
读者热线：010-65181109
发行电话：010-85119832　010-85119912
网　　址：http://www.chlip.com.cn　http://www.wqedu.com
电子信箱：1012305542@qq.com
版权所有　侵权必究
如发现图书残缺请拨打读者热线联系调换
201234Y1X101ZYW

## 译者序

作为一名教育工作者和两个孩子的母亲,我深知帮助孩子们发展哲学思辨能力的重要性。《3—8岁儿童的哲学讨论课:用故事启蒙孩子的哲学思维》这本书为我们提供了一种全新的工具,让孩子们能够从小接触哲学的思考方式。

在翻译这本书的过程中,我能体会到原作者朱利安·拉弗尼(Julien Lavenu)对儿童心理和教育的深刻理解,以及其多年教学实践过程中沉淀的智慧。哲学,很多时候被认为是高深莫测的话题,似乎只适合成人进行思考。然而,作者通过这本书告诉我们,哲学实际上很简单,它不仅是思维的训练,更是个体与世界建立联系的一种方式。

原书名"J'anime des débats philo avec les maternelles et les 6-8 ans"直译为"我与幼儿及6—8岁儿童进行哲学讨论"。我们将中文版书名改为"3—8岁儿童的哲学讨论课:用故事启蒙孩子的哲学思维",主要是出于两方面原因:一方面是为了更清晰地反映书中涵盖的年龄段,即幼儿园(3—5岁,法语"les maternelles")和小学低年级（6—8岁，法语"école primaire"）——这两个阶段都是儿童哲学启蒙的黄金时期；另一方面，在强调主标题"讨论课"的结构性与引导性的基础上，增加了副标题，是为了进一步突出本书独特的教育方法，即围绕3—8岁儿童的思维特点，以"讲故事"的方式，有效吸引并鼓励孩子们积极参与思考和讨论，培养他们的哲学思维能力。

本书主要分为两个部分：第一部分主要是课程的介绍与教学方法说明，包含了课程主持人应掌握的知识、方法以及课堂组织技巧；第二部分是课程手册和问题拼图卡（每张卡片的正面是1个核心问题，背面由8个子问题拼接而成；扫描本书后勒口的二维码即可下载）。课程涵盖15个哲学主题，教师或主持人可以根据课程手册，在讨论前先明晰"主题的定义"，然后给孩子们讲述"故事"，再根据"问题拼图卡"引导孩子们讨论核心问题和子问题，最后通过一些"拓展活动"来加深孩子们的理解。

作者倡导的LaboPhilo*哲学教育方法，通过问题拼图卡工

---

\* 系作者自造词，用来指代作者创建的哲学教育研究中心及其所倡导的哲学教育方法。

# 译者序

具，借助于一个个生动有趣的小故事，把抽象的核心问题拆解成具象的子问题。在这些精心编写的故事中，孩子们会发现他们与故事里的小主人公一样，对这些问题充满好奇，并跟着故事一起探索答案。这样的讨论形式特别适合3—8岁的孩子们。本书还配套了丰富的教学工具和资源，这些工具为家长和教育工作者在以下方面提供了有效的指导——解释主题定义，指导、组织课程并把控课程时长，使用"发言棒"鼓励孩子们表达，提供拓展活动的建议等，有助于我们营造开放、安全的讨论空间，促进孩子们在舒适的环境中自由表达。

衷心希望这本书能够为更多的家长和教育工作者所用，引导孩子们发现思考的乐趣，在对话中理解彼此，共同成长。愿这些故事和问题能为我们与孩子们的交流带来启发，在每一个孩子的心田播下自由与智慧的种子。

郭海婷

于浙江传媒学院

2025年3月

# 前言

给孩子们讲故事，让他们开口说话，这就是我的工作，也是本书唯一的目的！

本书中的15个小故事能让小听众们发现，同龄的孩子和他们一样有自己的困惑，并且和他们一样不知道问题的答案。

教师、图书管理员、其他教育工作者或家长，可以很容易地借助于这些故事，和孩子一对一或以小组的形式，围绕某个哲学问题展开讨论。

在成人陪伴下进行几分钟的哲学思考，不需要参与者事先准备，也不存在固定答案，只为鼓励孩子们做一些他们已经做得不错的事情：思考、质疑自己和世界。

本书的每一章均通过一个抽象的核心问题引出主题，然后通过关键段落的引述点明主题的理论要点，再通过给孩子们讲故事，提出8个子问题来组织论据，以回答那个抽象的核心问题。

无论是初涉哲学领域的成人，还是有一定经验的家长和教师,都会在本书中找到和儿童一起讨论哲学的方法,本书对LaboPhilo哲学教育方法的说明,将有助于读者正确使用问题拼图卡。

如此准备,只希望各位主持人在与孩子们分享这些丰富的经验时,能感受到真正的喜悦,并获得极大的乐趣。

**第一部分**
哲学教育研究中心的方法：问题拼图卡

1. 概论 /3

2. 方法 /11

3. 课程的组织 /29

**第二部分**
课程手册与问题拼图卡

1. 感知——"我们的感官有什么用？" /37

2. 动物——"什么是动物？" /51

3. 观察——"观察是什么意思？" /61

4. 好奇心——"好奇是一种品质吗？" /71

5．儿童的权利——"儿童的权利平等吗？" / 81

6．爱——"什么是爱？" / 91

7．友谊——"什么是友谊？" / 105

8．个性——"有个性意味着什么？" / 115

9．自由——"有没有绝对的自由？" / 125

10．团结——"团结重要吗？" / 135

11．差异——"我们是相同的还是不同的？" / 147

12．不公正——"什么是不公正？" / 161

13．语言——"话语有什么用？" / 173

14．情绪——"没有情绪的生活会是什么样的？" / 185

15．幸福——"幸福是什么？" / 197

# 第一部分

# 哲学教育研究中心的方法：
## 问题拼图卡

# 1. 概论

> 学得多不如学得精。
>
> ——蒙田（Montaigne）

就主持孩子们的哲学讨论课而言，主持人无须精通哲学家的理论，也不必读过伊曼努尔·康德（Immanuel Kant）的《纯粹理性批判》（*Critique de la raison pure*）或熟记柏拉图（Platon）写于《理想国》（*Utopia*）中的对话。重要的是牢记哲学方法以便通过实践将其传递给孩子们。

## 需要技巧

开展哲学实践的目的不是让孩子们吸收哲学理论，如黑格尔（Hegel）或笛卡尔（Descartes）的思想，它们的复杂性可能会让孩子们产生误解，甚至被其简化或歪曲。哲学实践首先是一种思维技巧、一个研究过程，它的意义不在于获取知识本身。我们的目的不是要将孩子们培养成哲学家，而是要让他们成为能够独立思考和自主行动的个体。

易言之，儿童哲学讨论课的主要目标不是让孩子们获得问题的固定答案，而是帮助孩子们在拥有独立意识的同时，学会和他人一起回答问题。这意味着其中的内容包括（哲学所包甚广，以下清单不能穷尽）：

（1）学习质疑自己的成见或偏见；

（2）学习独立思考（不让他人代劳）；

（3）学习与他人一起思考（以免被自己的主观思想束缚）；

（4）学习有条理地论述；

（5）学习倾听并包容他人的论点，怀有善意且有条理地提出反驳意见；

（6）学习犯错，接受自己并非无所不知的事实；

（7）最后，却同样重要的是，学习保持好奇心和赞叹心。

换言之，走出 LaboPhilo 哲学教育研究中心时，脑子里带着满满的问题比带着满满的答案更重要。

伟大的思想家们对于道德、死亡、信仰或自由的思考不容忽视,他们的理论可以帮助我们深入了解一些复杂的概念,"与他人一起思考"同时意味着"与伟大的思想家们一起思考"——若没有被激起强烈的好奇心,几乎没有人愿意涉足那些被大部分人抵触的、充满专业术语又与现实脱节的理论著作。

儿童哲学讨论课的目的是激发儿童的求知欲——这种欲望是天生的。令人遗憾的是,如果不加重视,这种欲望就会枯竭,甚至因不良的教学方法而失去动力。儿童哲学讨论课强调把研究方法交给儿童,为其指明道路,激励他们自信地"走向理论"并重视他人的话语,带领他们以既不觉得复杂又不带有成见的心态走近那些伟大的思想家们。

## 需要知识

儿童哲学讨论课的首要目标是让儿童学习研究方法,而不是向他们灌输哲学知识——人们可能会认为这是一种空想。事实上,哲学思考也需要知识,就像磨碎谷物的前提是需要有谷物一样,没有知识,哲学思考就无法进行。

LaboPhilo 哲学教育研究中心成员对哲学的理解是,哲学不应局限于处理宏大且形而上学的问题,如"死亡是什么？""有没有真理？"。相反，我们希望它尽可能具体，涵盖多样化的、最日常的主题，如动物、感觉、本性、情绪等。

为此，在方法上，我们要界定一些概念，这些概念不是现有哲学范畴中的学术型概念，而是进行抽象思考所必需的概念。

此外，教师应竭尽所能地将哲学讨论课纳入科学、历史或公民教育的大纲中，以拓展儿童的认知。

正如本书的第二部分所示，我们选择的主题通常是基于事实的具体主题。

## 哲学的定义

定义哲学的方法有很多，但我们总是无从下手。

从词源上讲，"哲学"这个词的意思是"爱智慧（Aimer la sagess）"，智慧在这里被理解为知识，而智者（sages）是拥有知识、知晓一切的人①。

我通常会对年幼的孩子说"哲学就是学习思考"。我们用

---

① 在柏拉图的《斐多篇》（Phaedo）中，苏格拉底在喝下用来处死他的毒药时并不惊慌，他劝告门徒不要为他的世俗之死而悲伤，因为他知道他将走向"理念世界"。

什么思考呢？用语言。记住：没有语言就没有思想，我们是通过语言进行思考的。

另一个我喜欢使用的定义是下面这句话（这句话可以对年龄大一点的孩子说）："哲学就是用语言寻找真理。"我还在这个基础上添加了一句话："为了得到幸福。"

为了使年轻的读者更好地理解我所说的内容，我要补充解释一下：科学使用数字、公式、计算和实验来发现真相，而哲学使用语言、文字、逻辑和论述来思考不能用科学实验证明的问题。毕竟，我们无法找到关于美、自由、公正或信仰的数学公式。

然而，科学方法和哲学方法几乎是相同的：它们在各自的领域内进行概念化，而且其过程具有相同的严谨性。

## 概念化路径

哲学有一些令人汗颜的地方。它关注大部分人拒绝或逃避的事情：它做出判断，进行批评，热衷于提问，更过分的是，它还会概括。

哲学与当代自我中心主义的心理学范式背道而驰。哲学常常阐明一些普遍法则，但这个时代的人大多只追求个性，想特立独行。

哲学是对常识的批判性反思，面向所有人，谈论适用于所有人的东西，探讨对所有人都有效的东西。但这究竟意味着什么呢？

回到我们之前对哲学的定义："哲学就是用语言寻找真理，为了得到幸福。"我们可以从该定义中看出，哲学的目标、方法、终点分别是：①目标——寻找真理；②方法——话语（语言的使用）；③终点——幸福。

虽然没有那么一目了然，但我们还是可以从中得知，哲学思考是一个提高和升华的过程。用语言寻找真理，就是要用话语总结多样化的具体经验（与我们的生活经历相关的经验），实现概念的统一，即形成真理。用语言寻找真理，意味着观点的论述和对质，以及论据的交流、驳斥或认可。

举一个很简单的例子：我一生中见过成千上万只鸟（在森林里、城镇中、天空中、博物馆里、电视上、绘画或漫画中，我见过各种颜色和不同大小的鸟……），我有足够的关于鸟的信息来总结出鸟的概念和特性。我可以表述如下："鸟有喙、羽毛、一双翅膀和两条腿，会产卵……"一旦这个真理性概念被建立并保存在我的语义记忆中，那么我只要参照这个概念，就可以很容易地将一头母牛从鸟类中排除，将从我窗前飞过的鸽子归入鸟类——即使没有调动大量关于鸟的记忆，这个新的辨别工具也使我看清了现实，让我更敏锐地了解了这个世界。我可以走得更远、更快。例如，当我第一次看到鸤\*时，虽然我没法说出它的名字，但即使不借助于搜索引擎，我也能看出它是只鸟。

我们可以用同样的方法来理解"种族主义"这一抽象概念。如果我们问孩子们"为什么世界上存在种族主义？"，他们首先需要理解"种族主义"这个概念的大致框架。这绝非易事，这个概念涉及大量以"种族"开头的词，孩子们需要事先对符合其定义的词和不符合其定义的词进行反思和协商，例如，国籍、肤色、母语、性别和年龄等（"性别歧视"是种族主义的一种形式吗？什么是"年龄歧视"？）。由此可见，相比"鸟"这样的具象概念，较抽象的概念会带来词汇和语义的混淆，而且我们会很难明确其中的界限。我可以一眼认出一只鸟（当然还是要小心蝙蝠，一些小型蝙蝠很容易被错认成鸟！），并意识到邻居和我对鸟的概念有相同的认知，却很难识别"种族主义"，也无法确定邻居和我对某种"种族主义"

---

\* 读音为 shī，一种鸟类，身体长 12 厘米左右，嘴长而尖，背部蓝灰色，腹部棕黄色，生活在森林中，爱吃昆虫。——译者注

现象有同样清晰的判断。

哲学方法的第一步是从杂乱无序的经验中得出一般规律，并对这些经验进行逻辑上的处理及辩证分析——通过分类整理，整合符合这一规律的内容，排除不符合的部分，然后运用这个规律来解释说明大量的经验，解决复杂的问题。

科学也是这样发展的（我们的大脑也不例外）。

关键在于语言，即我们在对抽象概念（关于爱、正义、团结和性别的概念）展开推理时所使用的话语的有效性、连贯性，以及论证的逻辑性和严谨性。

问题是哲学讨论背后的驱动力：问题就像一把铲子，撬动我们头脑中的知识。

# 2. 方法

与儿童一同开展的哲学实践,根据主要目的可被分成三类①:

(1)哲思流派,优先考虑反思性思维;

(2)公民教育流派,优先考虑民主生活的组织;

(3)精神分析流派,优先以儿童为主体。

哲学实践,或多或少地扎根于这些不同的流派中,有时甚至介于两者之间②。在这些流派中,往往各有一位"老师",在这位"老师"的带领下,追随者们或多或少地解放了自己。

最常见的哲学实践有以下几种:

(1)马修·李普曼(Matthew Lipman)在20世纪70年代初建立的哲学研究社区;

---

① 出自《反思性思想的觉醒》(*L'éveil de la pensée réflexive*, Michel Tozzi, 2001)。

② 《9—11岁儿童的哲学讨论课》(*J'anime mes premiers ateliers philo avec les enfants du cycle 3*, Julien Lavenu, 2019)一书对哲学实践有更详细的介绍。

（2）米歇尔·托齐（Michel Tozzi）倡导的民主与哲学讨论会；

（3）雅克·莱文（Jacques Lévine）和AGSAS* 儿童哲学工坊组织的关于人类生存状况的反思研讨会；

（4）奥斯卡·伯瑞尼弗（Oscar Brenifier）的哲学实践。

这些哲学实践没有优劣之分：所有方法都有用，但也有局限性，并且有各自的支持者和反对者。

尽管这些哲学实践在许多方面都有所区别，但它们达成了以下四点基本共识：

（1）确信可以和孩子们进行哲学讨论①；

（2）把口头表达放在首要位置；

（3）主持人在知识面前应保持谦逊的学习姿态；

（4）问题发挥着至关重要的作用（问题比答案更重要）。

---

\* 指的是"Association des Groupes de Soutien Au Soutien"，中文意思是"教育者互助支持协会"。——译者注

① 值得一提的是，许多哲学家强烈反对使用"儿童哲学"一词，认为它所涉及的内容对孩子们而言太抽象。为了规避争议，我们有时更喜欢说"和孩子们进行哲学讨论"。

第一部分 哲学教育研究中心的方法：问题拼图卡

# 问题拼图卡

这些与孩子们一起进行哲学讨论的范式尽管有很强的适用性，但要求主持人很好地掌握提问的技巧——这些技巧随经验增加，并且要经过一段时间的磨炼，并不是一蹴而就的。

为此，LaboPhilo 哲学教育研究中心开发了一种新的、半引导式的、重感受和情感的哲学教育方法。当然，这种方法不是完美的，它也有局限性。但是，这种方法可以使非专业人士更专注于保持他们作为辩论主持人的姿态（承担组织儿童轮流发言和推动讨论持续进行的重要任务），而不需要花费更多精力关注提出的问题是否合适，能否推进儿童思考，是否会让思想停滞不前等。

为减轻主持人的压力，LaboPhilo 哲学教育研究中心开发了一套问题拼图卡。它以"核心问题+子问题"的形式讨论概念，即除了1个核心问题，还有8个更具体、更简单的子问题，来探究与之相关的、正确的或不正确的观点。思考的过程始终是一致的：先是鼓励儿童讲述自己的经历，表达对相关主题的感受和情感体验，然后激发他们从更普遍的角度思考问题，向抽象的方向发散思维——从存在的现象到普遍的规律，从主观到客观。

此处提到的概念化和抽象化工作是以一种轻松的方式进行的,即通过研究概念的各个部分来掌握这个概念的边界。

我们的主要目标不是让孩子们获得一些纯理论性的认知,而是让他们获得更真实的思想,让他们体验从自身经历出发,将思想升华成概念的过程。对于9岁以下的儿童来说,这是一项很大的成就。

## 引导讨论

哲学讨论课应注重引导儿童表达自己的想法。主持人邀请孩子们深入研究、下定义、重新表述,甚至指出其表达中矛盾的地方。这并不是要让孩子们坐下来听主持人给他们上课,而是让他们在对话和讨论的支持下,赋予自己的想法以新的意义,放弃毫无根据的见解,并重新定义不清晰的概念,以纠正理解上的偏差。

由此可见,问题发挥着至关重要的作用。借助于问题,思想得以构建。请记住,我们的大脑就是回答问题的机器。

就此而言,"引导讨论"是课堂上最复杂的部分,这是需要不断练习的艰难实践——但是我们必须开始!

虽然在这个领域取得成功不必接受高等学府的哲学教育,

但是主持人应事先熟悉哲学思考的流程。

在开始阶段,主持人要很仔细地研究主题。为此,本书第二部分(实践部分)每一章的开头都会提供一些有关主题的理论要点。

这些内容虽然简要,但有助于教师充分了解相关概念的广度,并在问题拼图卡的支持下引导孩子们进行讨论。

## 话题引导者的角色定位

哲学讨论课不是一门严格意义上的课程。教师在讨论期间应象征性地卸去教师的身份,化身为"主持人"。

对主持人而言,在知识面前保持谦逊的学习姿态,或许不那么自在,而孩子们在学校里习惯于听大人给他们讲课,或许并不能明白其中的原委。在刚开始,孩子们常常会尝试给出"正确的"答案或他们认为教师期望他们给出的答案,并很容易就此感到不安。每个孩子都需要几节课的时间来了解哲学讨论课的开展方式,为了让孩子们既能与主持人也能与同伴开展对话,在每次讨论课开始时应提醒参与者遵守相应的讨论规则——这样或许能有所帮助。

即使主持人很少甚至几乎不对讨论的内容发表看法,他也需要确保整个讨论过程顺利、氛围融洽。

对此,主持人需注意以下几个方面。

(1)保持令人安心的、无压力的氛围(这样的氛围有利于大脑分泌催产素①),促进儿童高质量思考(微笑、感谢、坚定的声音和热情的态度至关重要,要像与伙伴一起玩耍一样享受哲学讨论课)。

(2)要注意让参与者尊重彼此的发言,不互相嘲笑,鼓励温和的交流,禁止评判(反驳必须基于论据,就事论事)。

(3)主持人不要表达个人观点。

(4)不要夸赞发言者的回答,而是要鼓励他,并在恰当的时机对其表示感谢。

(5)让每个人都有发言的机会(在自愿的基础上)。

(6)不要强迫不想说话的孩子发言——聆听也是一种参与。

(7)给发言者留出一点思考时间,允许其沉默片刻。

---

① 神经肽催产素可以给人带来幸福感,激发人的依恋之情、同理心,使人相互理解,调动个体的主观能动性。它还会促进大脑整体的增大和成熟,特别是与注意力和推理相关的前额叶区域、记忆区域和情绪控制区域。它加强神经元之间的连接(强化神经元并产生新的神经元)。催产素的分泌是由拥抱、爱抚、微笑、深情的言语(讨论)、鼓励、安慰性的言语、同理心(理解)、社会关系、热情等因素所激发的。

（8）力求更清晰地表达问题，并尝试找到合适的切入点。

（9）调整语言，运用比喻或形象化表达。

（10）重述孩子们的话语，以便所有人都能听懂他们的话。

（11）不要影响发言者或让他说出一些他不认同的事情。

（12）鼓励辩论者提出论据，为自己的论点辩护——儿童应该自发且自由地表达自己的意见，而且无须害怕被评判。与此同时，主持人必须激励他们深入思考，而不是让他们停留在表面，重复所听到的内容。主持人要经常使用"为什么？"和"你想说的是什么意思？"等话语来提问。

（13）把讨论聚焦到要点上。有些孩子会从一段长长的回忆说起，有时会偏离主题；如果离题时间太长，主持人要果断地概括他们的话语或试图去理解为什么孩子朝这个方向说，其中经常会有我们一开始忽略的原因。例如，主持人可以让孩子用一句话概括自己的论述。

（14）不做评判、不进行说教，否则会妨碍自发的交流。主持人必须营造一种彼此信任的氛围，让孩子们明白，成人并不是在给他们打分，而只是在那里听他们说话，就像朋友一样。

（15）在必要的情况下，坚定且温和地反驳一些不能被接受的言论（种族主义言论、修正主义言论、性别歧视言论等），并坚持一些事实（例如，智人是进化的产物——这是科学事实，其真实性是不可以在哲学层面上讨论的）。在这方面，重点在于分辨哪些属于知识领域，哪些属于哲学问题，例如，我们可以探讨人类在整个动物界的特殊地位（如人类的意识、语言等），但我们不能从哲学层面质疑人类是否属于动物，因为这在生物学定义上是不容置疑的。某些常用词的多义性会使主持人的任务复杂化。举个例子，我们只需要看看字典中"动物"一词的定义就可以知道界定它的难度，互联网带来的大量错误信息加剧了这一困难——分辨真假也成了哲学讨论课的关键内容之一。

## 使用问题拼图卡

哲学是一门艺术，并非人人都能成为苏格拉底！

问题拼图卡被下载、打印并剪裁好以后，主持人应展示并读出这些问题。

构成核心问题的 8 个子问题按顺序层层递进排列，以确保讨论的逻辑顺序。这些子问题会随着讨论的推进逐一被提出，每个部分都会被讨论到，而后被拼回原位，就像拼图碎片那样重构问题的全貌。

第一部分　哲学教育研究中心的方法：问题拼图卡

这种可视化的方式使孩子们习得了一种动态思维，即问题可以被解构和重建。

也就是说，问题拼图卡是一种手段、一份支持，而不是一个结果。如果孩子们（和主持人）有足够的灵感回答那个核心问题，就没必要打断"好势头"去处理那些子问题了，对孩子们而言，这样做没有意义。

同样，要记住最终的答案并不重要，所以没必要去达成某种共识，或者根据所述论据去做一个综述。我们反复强调，开展哲学讨论课的目的不是让孩子们在离开的时候带着明确的答案——这些答案很容易被遗忘。更重要的是要让他们熟悉概念化的哲学过程，让他们带着满脑子的问题离开哲学讨论课——这些问题会让他们行动起来，推动他们去探索世界和自己的内心。其中的关键在于掌握一种方法、一种生活艺术，它们将陪伴孩子们度过日常的生活，当他们成为未来的公民、公共生活参与者和主宰自己人生的成年人时，转化到他们生活的其他方面。

## 推进提问

问题拼图卡围绕一个复杂的概念（或两个概念——一个

"强"概念和一个"弱"概念)提出1个核心问题,分三个阶段提出8个子问题。

### 第一阶段:问题1—2(唤起感受-情感)

前两个问题不考验儿童的推理能力。它们都很具体,与儿童对所谈论主题的感受和情感经历有关。这些问题能够唤起儿童对日常生活、亲身经历的既有认知和理解的回忆,在调动儿童的情节记忆和情感记忆的同时,让他们对所谈论主题有初步的参考和构想。

请注意,情节记忆是指对自身经历过的事件的回忆,我们也称之为自传式记忆或显性记忆。情节记忆是可以被意识访问的,而情感记忆是隐性的,或者说是无意识的。负责记忆的功能区位于大脑的杏仁核上,自人出生开始就发挥着作用。显性记忆从3岁才开始建立起来,那些我们在学龄前经历的事件只在大脑中留下了"情感"。大脑的杏仁核是我们的恐惧和信任感的由来,例如:如果在1岁的时候被狗咬过,我们就会怕狗;如果接受过悉心的养育,我们就会更信任成人。

哲学讨论课的导入部分不仅旨在让孩子们安心,使他们平静下来,还要从他们所经历的、所感知的和所喜欢的东西出发,调动他们的积极性。这些回忆能触发孩子们对事物存在模式的思考。

一开始就进行理论推理会将许多人（包括儿童和成人）拒之门外[1]——很多人会觉得自己还没达到那个水平，他们会害怕自己的才智受到众人的评判，特别是一些腼腆的、自尊心较强的或思维能力较弱的人。因此，要先营造一个令人安心的氛围，在这个氛围中，发言者将不会感到被评判，能够与人坦诚相待、无所畏惧。

从回忆、情感和感受导入的目的还在于将哲学讨论课与当天的其他课程分隔开，而不要求孩子们立刻调动智慧。我们只是一起谈论一个话题，仅此而已，我们互相倾诉，不需要耍小聪明，也不需要向教师展现出某些能力。

就我而言，我通常会在哲学讨论课开始时说："不要试图显得很聪明。因为当人们尝试说一些聪明话时，反而会胡言乱语，另外，我没什么好分数可以给你们！"

在自由发言的阶段，我会允许孩子们自发地表达自己，讲述一则趣事，分享生活中悲伤或快乐的一刻。主持人要注意温柔地鼓励孩子们回忆经历中的感受和情感细节，并关注其表达

---

[1] 感到要被评价会引发压力，使人释放皮质醇、去甲肾上腺素和肾上腺素，抑制参与推理的前额叶和眶额叶皮层等大脑区域。因此，在轻松的氛围中，从简单的问题入手展开讨论，将有利于随后的概念化工作。

感受和情感的词汇。

第一阶段是孩子们谈论自己的看法、喜好、判断，形成个性，学会更好地认识自己①的绝佳时机。

这一阶段的问题将使我们开始关注所谈论的主题涉及的词汇范围，此类对术语的探究将极大地促进我们随后开展的概念化工作。

### 第二阶段：问题3—7（概念的界定）

哲学讨论不像操场上的对话，它不能局限于第一阶段。因此，在对所谈论的主题进行"感受"和"情感"的处理之后，还需要进行"理性"的处理。

在第二阶段，我们将接触一些理论上的问题，这些问题使我们能够更好地理解概念的界限。我们将从不同的视角分析它们，核查它们的细节，甚至对其进行拆解和重组，开展全方位的思考！

调查是一项充满想象力、创造力和"头脑风暴"的工作：根据问题1—2，我们将做出一些假设，然后用严格的检验

---

① 根据柏拉图的说法，"认识你自己"是刻在德尔菲神庙前殿的三大箴言之一。苏格拉底将其作为人生格言。通过这种原始的内省，人类希冀获得智慧。

方案来验证它们。我们所提出的不是一个严格的从实践到理论的提问过程——这种方法更无序,像是向各个方向探索时所产生的混乱想象,没有固定的方法,也没有刚性的组织约束。

通过这些问题,我们还必须给讨论一些"喘息"的空间,而不是把它限制在一个系统中,因为这可能会扼杀它。研究不能没有玩乐,不去冒险,不打破常规,当然这些都得在可容忍的范围内:不跑题,不坚持毫无根据的观点,不用虚假的论据(如在互联网上很常见且容易接触到的假新闻)。

在这一阶段,我们将着重锻炼以下几种思维技能(与推理有关的技能)。

(1)专注的技能:理解并弄清楚问题。

(2)分析的技能:抓住整体和各部分的结构——解构的工作。

(3)综合的技能:描述一个观点中不同部分之间的联系——构建并提出假设。

(4)评价的技能:判断自己的论述和假设的价值——捍卫和论证自己的观点,权衡利弊,根据论据的重要性,对其进行整理和排序(如哪些论据比其他论据更有说服力)……

更具体地说,以下这些都是我们在界定概念这一阶段中可以用到的基本技能。

(1)解释:使用一个论据,说出原因。

(2)举例:举个正例或举个反例。

(3)重新表达:用不同的话说同一件事(以便能更好地抓住观点的微妙之处或让人更好地理解)。

(4)概述:将一段较长的解释综述成一句关键的话。

(5)对比:从反面来定义一个概念(例如,用我们看到的不公正现象来定义公正……)。

(6)对照:将一个概念与另一个概念联系起来,看看它们是否存在关联,是否属于同一方面(例如,"我不同意木质的东西都是美丽的,因为我认为美丽的事物都是方形的")。

(7)区分:通过"不是什么"来定义一个概念(如"友谊不是爱情……")。

(8)关联:抓住一个概念的主题范围,使用上位词(通用词)和下位词(专用词)。

(9)评价:通过一个概念来对照另一个概念,看其是否恰当。

(10)明确:使用同义词。

(11)形象化:使用类比和隐喻。

（12）想象：做假设。

（13）引述：引用某人（这个人既可以是已经发言过的同学或当时不在场的人，也可以是课本上的某位作者）的观点或话语。

接下来还有很多工作将围绕话语的连贯性展开，以衡量论证进程的恰当性和有效性。

主持人应仔细考虑以下四个主要方面。

（1）信息的重复：注意正在研究的概念不要在讨论过程中因语义转移或使用近似术语而变成另一个概念。

（2）讨论的进展：小心不要让讨论原地打转。没有必要让孩子们重复已经说过的话。提出子问题可以避免这种停滞。

（3）命题的无矛盾性：根据逻辑学的第二定律，命题不能同时为真且为假。一些问题可能会揭示论点的矛盾之处①。

（4）连贯性：鼓励使用表示逻辑关系的连接词（因为、所以、那么……），它们体现了话语的结构。为了让听众更好地

---

① 逻辑学有三大定律：同一律（从同一方面考虑的事物与自身始终一致——正确的就是正确的）、矛盾律（一个命题不可能既是正确的又是不正确的）和排中律（一个命题是正确的，或者与之有反对关系的命题是正确的，没有介于两者之间的命题，例如，门要么是打开的，要么是关闭的，它不会是半开或半闭的）。

理解论证关系,发言者要清楚地表述信息之间的联系。

## 第三阶段:问题8(概念上的再投入)

在一场复杂的哲学讨论中,最后的问题将伴随着先前被反驳的概念重新建构或被再利用,最后成为一个单独的、简化的哲学讨论课主题。这些问题也可以不在课堂上解决,留给孩子们独立思考:让孩子们将这些问题带回家,他们可以和朋友或父母讨论这些问题,将哲学讨论延伸到家里。

以下是对于提问方式的一些建议:给每个问题都准备一些子问题,以帮助孩子们深入探究。你可以在准备哲学讨论课时把它们记在一张纸上,并随身携带这张纸。

在最初几次主持哲学讨论课期间,应保存好工作中涉及的重要技能清单[参见"第二阶段:问题3—7(概念的界定)"所列举的思维技能],以免遗忘。为了提高效率,请鼓励孩子们在讨论中运用这些技能:我们可以关注孩子们是否举了例子,是否进行了比较,是否使用了论据……我们也可以用鼓励的方式问他们:"你能举个例子吗?""你有什么论据来支持你的想法?""你知道……的同义词吗?"

询问大家的意见以推动讨论继续:"谁同意?谁不同意?""谁还有其他想法?""谁明白或没明白他说了什么?""谁

可以更清楚地再说一下？""谁可以总结一下？"以这种方式围绕一个新的观点展开讨论，可以让大家共同构建论据，将发言者的主观想法与普遍认知进行对照，这样做会有令人惊喜的发现！

# 3. 课程的组织

## 发言棒

为了使讨论进行得更加顺利,我建议使用发言棒,尽管这不是必需的。

## 重申课程的规则

以下是一些在哲学讨论课开始时或进行过程中需要强调的规则。

(1)想发言时要举手。

(2)当别人说话时要放下手:听别人说话也是一种学习,当一个人表达自己的观点时,其他人最重要的是关注并听清楚他说的话,而不是想着自己要说什么。

(3)尊重他人说的话,不要取笑他人。

(4)尤其不要试图说一些投机取巧的话,要自然、自发、真诚地说出自己的真实想法。

(5)要为自己的言论提供依据,不要无端下定论,要使用论据:鼓励孩子们在每句话后面加上"因为",如"我这样想是因为……"。

(6)如果无法提出更好的想法,请不要提出异议:根据礼节,如果我没有更好的建议,那么我就不应该反对别人的观点。

## 故事

编写故事的目的是为哲学讨论课搭建一个框架。

可以在故事中为孩子们设定与其年龄相仿的、像他们一样面临问题却不知道答案的角色。这样可以增加这些年轻参与者的认同感,缓和其在面对问题时的各种消极情绪,如无助、沮丧……

专门为每节哲学讨论课所编写的故事,可以根据儿童所处的环境进行调整,更自然地抛出问题,引发儿童的提问,更清晰地展示讨论过程:交流、表达、提问、聆听、争辩、质疑……

故事给出了回答问题的一些基本要素,并侧重于指引讨论的路径。它浅尝辄止,却为推论设定了框架,激发了不习惯哲学讨论的孩子的兴趣。

## 拓展活动

对于书中的每节哲学讨论课,我们都会推荐一项活动(如玩游戏、读图……),以鼓励孩子们继续思考、发表意见、展开辩论或简单地围绕讨论主题进行娱乐活动。

## 场地布置

如果可能,让孩子们围成一圈坐在椅子上,或者席地而坐(铺上地毯或垫子),又或者,如果天气允许,到户外坐在树下或河边!如果都无法做到,那么就没必要打乱课堂布局:大家可以坐在自己的位置上,积极参加哲学讨论课。

最重要的是将哲学讨论课与当天其他时间段的课程做一个区分,使哲学讨论课看起来不同于其他课程。我们可以重新布置场地(如将椅子和桌子围成一圈等),或者更换地点(如运动室、图书角、花园等),再或者创造一个象征性的"隔断"(用一小段音乐作为哲学讨论课的开始,让孩子们调整好心态……)。

由于这是一个需要集中精力的课程,噪声和来往的走动会严重干扰孩子们,影响他们的交流。因此,请注意事先做好防范工作。

## 时长

这里介绍的哲学讨论课是按照时长 1 小时或 1.5 小时设计的,包括阅读故事和围绕问题拼图卡进行讨论。有些主题将极大地调动这些孩子的积极性,让他们很难停止发言;而有些主题也许不太能调动他们的积极性,需要用一些小问题来做辅助。总体而言,孩子们不太可能会感到枯燥。在忙碌的上学日,哲学讨论课为大家带来了新体验,孩子们通常很乐意参加。

## 儿童人数

在理想情况下,以 15 个孩子为一组开展讨论。如果超过这个数量,哲学讨论课的组织就会比较复杂。为了让孩子们集中注意力,让每个人都能表达自己的想法,同时避免课程时间过长,并确保课堂氛围活跃而又不吵闹,请合理控制组内人数,不要让人数过多。

倘若遇到人数多的班级,请不要气馁,即使条件不允许我们拆分班级,我们也有可能主持好哲学讨论课——这取决于孩子们的积极性和主持人的热情。

## 保存记录

我强烈建议使用录音笔或智能手机录制讨论内容。主持人很难记下自己听到的全部内容,而且他更应该将注意力放在孩子们身上,并与他们互动。

主持人也不妨拍些照片甚至录像。这样,他除了可以留存一些记录的素材(如小册子、展览板、视频、博客等)外,还可以借此衡量自己的进步。这些记录不仅会给孩子们留下美好的回忆,还能让他们的工作变得更有价值。

## 第二部分

# 课程手册与问题拼图卡

# 1.

# 感知
## ——"我们的感官有什么用?"

### 主题的定义

## 我们的感官征服世界

人类具有五种基本感觉:触觉、味觉、视觉、嗅觉和听觉。除此之外,我们还有四种重要感觉:本体感觉(对自己身体不同部位的感知)、平衡感觉(平衡感)、温度感觉(对周边环境温度的感知)和痛觉(对疼痛的性质、强度、位置、持续时间等多方面的感知)。

我们的感官可以使我们掌握周围的世界,了解并探索它①。我们的感官训练得越多,我们的感知就越精准,我们对环境和自身的了解也就越准确。因此,重要的是运用我们的感官,并扩大感觉表达的词汇量。

感官是我们通往世界的门户。没有它们,我们将被自己的内心束缚,与世隔绝,世界对我们而言根本不存在。我们充其量只是物品或植物。缺少对外部信息的感知,我们的大脑就会萎缩,无法进行思考,没有言语,也没有记忆。

## 大脑在感知中的作用

大脑在我们的感知过程中起着至关重要的作用。它集中处理信息,表达和记录我们的感觉。有时,它也会错误地解释我们所看到、摸到和听到的东西,让我们犯糊涂,如产生一些视觉上的错觉。据神经科学家估计,人类在 95% 以上的时间里

---

① 感觉经验是所有知识的基础,这是由英国哲学家约翰·洛克(John Locke, 1632—1704)、苏格兰哲学家戴维·休谟(David Hume, 1711—1776)发展起来的经验主义所认定的,与之相对的是唯理主义哲学家勒内·笛卡尔(René Descartes, 1596—1650)的天赋观念论。经验主义的立场虽然总有人无条件地捍卫,但实际上很难站住脚:确实,难道没有任何知识可以通过推理获得吗?我们如何仅凭经验主义证明"2 + 2 = 4",以及打孩子是不对的?

都在无意识状态下活动,而这种无意识状态基于我们对现实的主观理解和重构。我们的大脑为了节省时间,粗略地重构了我们周围的事物,它只根据我们的需要,细化我们的意识所关注的来自现实世界的微小部分。

## 避开感知的陷阱

我们通过感官感知世界,并在大脑中进行神经层面的重构,但这一过程不可避免地会存在一定的误差。受自然的双重性和"粗心"的双重影响,我们有时会把现实中的幻象错认成真相——那么,难道我们就此迷失了?

不,我们有解决方案:用科学的方法进行实验、动手操作,并细致地观察(用视觉、触觉、嗅觉和其他感觉),这些方法能帮助我们更好地掌控现实。

但这还不是全部,人类还有一种与生俱来的交流意识——阐明立场、判断、发表意见并与他人建立联系,以及与他人讨论、交流和分享感受,这些可以使我们摆脱感知带来的陷阱,让我们从刻板印象中跳脱出来。

## 故事

### 迈赫迪和魔法花园

迈赫迪喜欢植物。这是他由来已久的爱好。你想让他开心吗？没有比这更容易的事情了！只需要带他去森林、公园或任何花园！只要那儿有花，有草，有树木……

迈赫迪最喜欢的地方是乡下爷爷家的花园。他知道那儿的每个角落，还能叫出所有植物的名字。学习这些词曾花费了他很长的时间和很多的精力（一些植物的名称非常复杂）。但他是如此喜爱植物——他都没有意识到自己花了多大力气才把这些都记住，将其存在不同的记忆"小抽屉"里！

迈赫迪更喜欢带着他的小伙伴们来参观爷爷的花园。今天他运气不错，因为他的朋友马里于斯要来爷爷家，和他待上一整天。

"在这里不可能会感到无聊，"迈赫迪自豪地说，"我可以在花园里待上好几个小时。"

"你爷爷的花园确实很漂亮。"马里于斯说。

"可不只是漂亮，"迈赫迪补充道，"它是神奇的！"

"神奇的？"马里于斯一脸疑惑。

"是的,神奇的!"迈赫迪说道。

"为什么说它是神奇的呢?"马里于斯问。

"因为……"迈赫迪在小伙伴的耳边小声说,"我爷爷的花园,起初你会以为只能用眼睛看一看。但是,如果你仔细观察,你会发现你还可以用你的嘴巴品尝它,用你的鼻子闻到它,用你的耳朵听见它,用你的手和脸颊触碰它,还可以用你的肘部、你的额头、你的下巴……"

"好了,我知道了,"马里于斯打断他,"我们当然可以触碰它!"

"不,不,不,你根本没明白!"迈赫迪说,"在这里等我,我马上回来!"

迈赫迪消失在爷爷奶奶的屋子里,然后手上拿了什么东西出来……这是一条奶奶的围巾——他从门口堆"外出服"的大衣柜里偷偷拿出来的围巾。衣柜里还有大衣、夹克、鞋子、帽子、雨靴……以及整个冬天都围在爷爷脖子上的大红色羊毛围巾!

"我们要玩个游戏,"迈赫迪解释说,"现在你已经用眼睛观察过我爷爷的花园了。我要用这条围巾帮你遮住眼睛,再带你参观花园。"

"这很蠢,"马里于斯说,"我会什么都认不出来的!"

"我们就试试看到底行不行!"迈赫迪肯定地说。

就这样,迈赫迪带领他的伙伴来到了花园的一角。

"喏,"迈赫迪说,"摸一下,然后告诉我这是什么……"

马里于斯被蒙住了双眼,用双手摸着迈赫迪给他的"东西"。

"哦,这很简单!不冷不热,有点粗糙,这是树干!"

"做得好!"迈赫迪欢呼,"那这个是什么?"迈赫迪往马里于斯手中放了另一样东西。

"哦,哦,这个又凉又光滑……是颗小石子!"马里于斯答道。

"那这个呢?"迈赫迪在他小伙伴的脸颊上滑过一些东西。

"啊,我知道,"马里于斯惊呼,"那是鸟的羽毛!"

"是的,这很容易,"迈赫迪说,"现在要注意了,更难的来了!将你的脸朝向天空,告诉我你的感受……"

"呵,什么都没有!"马里于斯感到奇怪。

"再仔细些!"迈赫迪说。

马里于斯感到太阳正晒着他的脸。

"哦,是的!"他叫道,"我明白了!我感到阳光照在我的皮肤上,特别热!"

"太好了!"迈赫迪说,"我们已经完成了参观的第一步,现在你将'品尝'一下花园!"

"但是花园不能吃!"马里于斯反驳道。

"张开嘴,你会知道的!"迈赫迪说道。

迈赫迪往他朋友的嘴里放了一个水果。

"好吃,"马里于斯说,"这是草莓!"

"那这个呢?"迈赫迪继续问。

"嗯,这是一颗覆盆子……"马里于斯答道。

"这个呢?"迈赫迪问。

"我认为是醋栗……"马里于斯说。

"这个呢?"迈赫迪接着问。

"哦,我完全不知道这个是什么!"马里于斯说。

"这很正常,你应该从来没吃过,这是一朵白色荨麻花!"迈赫迪说道。

"但白色荨麻花不能吃啊!"马里于斯一脸诧异。

"当然能!"迈赫迪斩钉截铁地说。

马里于斯不太相信,只能做个鬼脸。

"现在我们来测试一下你的鼻子!"迈赫迪说,"你来帮我闻闻这个,并告诉我这是什么……"

"我想这是割下来的草。"马里于斯说。

"做得好!那这个呢?"迈赫迪问。

"这是一朵花,但我不知道是哪种。"马里于斯答道。

"这个呢?"迈赫迪继续问。

"哦,这个,这个闻起来好奇怪,像是泥土的味道!我从来没有意识到泥土也有气味!"马里于斯说。

"做得好,马里于斯!现在,作为终极测试,告诉我你所听到的一切。"迈赫迪说道。

"除了听到你一直在说话外,其他我什么都没听到!"马里于斯回答道。

"仔细听。"迈赫迪说。

马里于斯集中注意力。他慢慢地意识到他周围有很多种不同的声音。

"哦,是的,"他说,"我听见远处的鸟在叫……至少有3只,而且叫声各不相同;我听到树叶随风摇曳的声音,再远一点,好像还有发动机的噪声——可能是一个邻居在用割草机修剪草坪;我还听到有人在我周围的草地上行走……"

"是的,那是我!"迈赫迪回答。

"你是对的,"马里于斯说(他把蒙住眼睛的围巾移开),"我用五种感官重新认识了花园里的好多东西,我现在对它更了解了。"

"我跟你说过的!还有很多你可以发现的东西。"迈赫迪回应道。

"事实上……"马里于斯挠着头,自言自语道,"这个小游戏让我想到一个问题——我们的感官有什么用?"

**问题拼图卡**

# 核心问题:
# 我们的感官有什么用?

## 构建论据的子问题清单

我们的五种感官分别是什么?它们的功能是什么?

你喜欢听、尝、看、闻和抚摸什么?尝试在回答时至少提及两种感觉,并针对每个回答,解释原因。

如果你蒙着眼睛走在街上,会发生什么?

如果你听不清谈话内容,会有哪些后果?

鼻子会给你带来哪些重要的信息?

如果你失去味觉,那么你还会喜欢吃东西吗?

如果我们没有感官,那么我们还会有记忆吗?

我们能始终相信自己的感官吗?

# 拓展活动

## "五种感官帽"游戏

1. 目标：学习感官词汇，思考感官功能。

2. 准备：将代表五种感官的海报铺在地上，海报上分别是手、嘴巴、耳朵、鼻子、眼睛的图片，将海报排成一条直线。

3. 游戏规则：玩法类似经典的"抢帽子"游戏。孩子们分成两组，分别站在海报的两侧，相距 2~3 米（据场地情况而定）。主持人给每个孩子发一个编号。被叫到编号的两个孩子（每组一个），在听到主持人说出的一句描述感觉的话后，需要抢先去触摸对应的感官海报，并随后说出理由。能提供合理论据的孩子所在的组获得一分。

4. 注意事项：有些词可能会对应不同的感官。孩子们每次回答时都要解释他们做出选择的理由。其他孩子会被邀请说出自己的看法，并从生活中举例说明。

有些词容易造成混淆，如与"热"相关的词。热度可以通过嘴巴感知，所以更倾向于被归为触觉而非味觉。然而，鉴于热度可以改变食物的味道,所以它也可以被归入味觉——冰可乐似乎不如常温可乐那么甜,生胡萝卜的味道比熟胡萝卜更淡……

与"咸"相关的词也会引发争议。它通常与味觉相关,但它也指皮肤的某种特殊感觉。例如:泡过海水后,皮肤会干涩、发痒;如果伤口碰到海水,会刺痛、有灼热感……

对于年龄稍大的孩子们而言,讨论这些细微的差别会很有意思。

**触觉相关的话语表述**

- 我的薄煎饼是冷的。
- 今天很热。
- 荨麻很扎人。
- 我的猫皮毛很柔软。

**味觉相关的话语表述**

- 我最喜欢香草冰激凌。
- 这个青苹果很甜。
- 这杯橙汁有点酸。
- 这个东西是苦的。

**视觉相关的话语表述**

- 我瞧见远处有烟。
- 这张桌子是圆的。
- 这个青苹果很甜。
- 温度计显示外面有20℃。

**听觉相关的话语表述**

- 一只狗在叫。
- 有人在教室后面窃窃私语。
- 有人在弹吉他。
- 我听见一头狮子在咆哮。

**嗅觉相关的话语表述**

- 有一股烟味。
- 我喜欢玫瑰的香味。
- 垃圾桶好臭啊!
- 闻起来像巧克力蛋糕。

# 2.
# 动物
## ——"什么是动物?"

## 主题的定义

在这节哲学讨论课上,我们将请孩子们思考"什么是动物",帮助孩子们在脑海中明晰人类与动物之间的联系。

## 人类,特殊的动物

从本义上看,我们确实是动物,人类是动物界的一部分,"除了微生物和非细胞生物之外,动物界包括除植物以外的所有生物"。人类是从猿类进化而来的,与人类亲缘关系最密切的是黑猩猩,我们和它们有 98% 的基因相同。

在承认上述观点的同时，我们也就自动忽略了"动物"一词的多义性。事实上，"动物"一词的第二个普遍定义是"非植物的和非人类的生物（微生物和非细胞生物除外）"。在儿童和许多成人的心中，以上两种定义是完全混淆的，尽管第一种定义有时很难被人接受。

## 智人和动物

人类与动物（尤其是哺乳动物）有很多共同之处：吃饭、呼吸、寻找庇护所、照顾孩子和群居生活；有些动物会使用工具、会算术、比 GPS* 更有方向感，有时能用很巧妙的方式进行交流（蜜蜂的舞蹈如何不令人惊叹？）。它们与我们共享六种基本情感（快乐、悲伤、愤怒、恐惧、惊讶和厌恶），也会感到痛苦，是一种有意识的生命形式。这种相似性使孩子们会喜爱与之相伴的宠物，对其产生深厚的感情，甚至将其完全视为家庭成员——与它嬉戏，抚摸它，与它交谈，向它倾诉烦恼，教育它，送它礼物，照顾它，直到最后埋葬它。

人与动物之间的这种相似性促使某些思想家提出了"物

---

\* 英文全称为"Global Positioning System"，指的是全球定位系统。——译者注

种主义"的概念,例如20世纪70年代的澳大利亚哲学家彼得·辛格(Peter Singer)①将"物种歧视"理论化,这是一种基于信念的种族主义形式,即一个优于其他物种的物种(人类)有权奴役和剥削其他物种。在辛格的影响下,反物种歧视论者针对辛格的观点提出了不同的意见,他们主张平等对待所有物种。

## 具有哲学推理能力的动物

人类具有抽象思维能力,这是其区别于动物的方面:能说,会读,可以从事艺术、文化、哲学和科学活动;具有想象力、前瞻性和抽象概括的能力;有自我意识,能意识到"自我"在世界上的存在和"自我"对世界的影响;能摆脱本能的束缚,有意识地、自由地行动②,能做好事,也能做坏事——这赋予人类很大的责任,人类有责任保障动物的生存和福祉。

---

① 其代表作为《动物解放》(*La Libération animale*)。
② 哲学家、心理学家和神经科学家在关于人类自由意志的问题上存在观念分歧。

## 故事

###  露西和蒂奥的农场

星期三,露西和蒂奥去了农场。

当然,他们已经很了解动物了。露西家养了一只叫"嘟嘟"的猫,这只猫常常睡在客厅的沙发靠垫上。

蒂奥家里没有宠物,但他的姨妈有一只会说话的鸟。是的,那是一只鹦鹉!它叫"伊戈尔",它至少会说十几个字。它会说"你好",还会说"啊啊,今天早上是什么鬼天气啊"。它甚至会问你"是否一切顺利"!

蒂奥可以花上几个小时与伊戈尔聊天……聊天的意思是说很多不一样的话,但是伊戈尔总是重复同样的话。当它不想说的时候,别想让它从嘴里吐出一个字。

在农场,露西和蒂奥能发现许多他们从未亲眼见过的动物:驴、猪、牛、鸭子……露西最喜欢的是小兔子……她仅用一只手就能握住一只兔子。她一直梦想着在家里养一只小兔子,为此没少烦她的父母。

在回家的路上,露西和蒂奥聊了很多事情。

"可惜我不能带一只小兔子回家。"露西很失望地说。

"它们太小了,"蒂奥回答,"它们仍然需要妈妈。"

"是的,你说得对。"露西点了点头。

"我嘛,我最喜欢的是小鸡,"蒂奥说,"它们太可爱了,一直跟着妈妈到处走!"

"的确,它们很可爱,"露西表示同意,"驴也很棒,它们总是希望我们喂它们面包皮!"

"啊,是的!"蒂奥赞同地说,"我给了它们至少10片面包皮!它们比我更贪吃!"

露西大笑起来。"可是,你有没有看见?"她说,"有一匹马眼睛很疼,人们之前肯定给它蒙上过眼罩,它似乎很痛苦。"

"它看上去还很哀伤,"蒂奥补充道,"你觉得动物会像我们人类一样感到难过吗?"

"我妈妈说是的,"露西回答,"但是我爸爸不这么认为!有时候,我的猫好像在生气,妈妈也这样认为,但爸爸认为这是我们自己的想法。"

"不管怎样,"蒂奥说,"动物会感到快乐,看看那些狗,当它们快乐时,它们会摇尾巴……"

"是的,猫会发出呼噜声,它们也会生气。嘟嘟不开心的时候,会把背弓起来,伸出爪子,并且嗷嗷叫……"露西说。

"狗生气或害怕时会狂吠……"蒂奥说道。

"卡蒂嘉的那只侏儒兔彭彭,"露西补充道,"当你突然抓住它时,它会吓一跳,就跟我一样!"

"其实……"蒂奥继续说道,"这意味着动物们和我们人类有点像,它们像我们一样能感受情绪——快乐、悲伤、愤怒、恐惧……"

"那么,我们是动物吗?"露西问道。

"呃,这我不太知道。我更倾向于说不是,因为有很多事情,我们会做,而它们不会……"蒂奥说道。

"比如什么?"露西问。

"呃,比如,"蒂奥解释,"动物不会画画……"

"对,是的。"露西说道。

"它们还不会弹吉他……不会弹钢琴……不会唱歌……"蒂奥继续补充道。

"是的,但是要注意,"露西强调说,"鸟儿会鸣叫,这和唱歌有点像,不是吗?"

"也许吧……"蒂奥回应道。

"我知道我们要做什么了,"露西说,"我们先把自己有关人与动物之间差异的所有疑问都写下来。然后,我们尝试回答这些问题。当我们回答完所有问题后,也许我们就会知道自己是不是动物。"

"好的,"蒂奥同意,"我想到一个问题——'动物穿衣服吗?'"

"我也想到一个问题——'人类会像鸟一样飞吗?'"露西说道。

"动物会写字吗?"

"人类会像鱼一样游泳吗?"

"动物会盖房子吗?"

"人类和兔子一样生活在地下吗?"

"动物们会结为伴侣并有宝宝吗?"

"人类会像狼一样为食物而战吗?"

"动物在高兴时会鼓掌吗?"

"人类会像蝙蝠一样在晚上也能'看见'东西吗?"

"动物会思考吗?"

……

这些问题让露西和蒂奥陷入沉思。有些问题比看上去复杂得多,两个小伙伴很难找到答案。

那么谁能帮他们回答这个问题:什么是动物?

> 问题拼图卡

# 核心问题:
# 什么是动物?

## 构建论据的子问题清单

你最喜欢的动物是什么?
你家有动物吗?

面对动物,你能感受到什么情绪?快乐、悲伤、愤怒、恐惧……?为什么呢?

人类和动物的身体有什么共同点和不同点?

动物有情绪吗?
人类如何看待这一点?

什么事情人类会做而动物不会做?

什么事情动物会做而人类不会做?

动物会交流吗?
它们怎么交流?请举几个例子。

应该是人类保护动物还是动物保护人类?为什么?

# 拓展活动

## 图片分类

可以请孩子们先对一些图片(图片上可以呈现一本书、一件连衣裙、一张蜘蛛网、一根香蕉或一个发怒的表情等)进行评论,然后根据图片内容将其分为三组:①关于人类("仅适用于人类……");②关于动物("仅适用于动物……");③两者兼有("同时适用于人类和动物……")。此练习可以分小组进行,也可以集体进行。

# 3.

# 观察
## ——"观察是什么意思？"

## 主题的定义

### 了解世界

观察世界可以使我们了解环境并从中获得可靠的信息，进而使我们能够采取行动，对其进行改造。如果人们时常借助于一些工具（望远镜、显微镜、温度计等）进行严密而有条理的观察①，就可以为科学研究奠定基础。

如我们所见，我们的感官和大脑作为观察的核心要件，有

---

① 即便没有绝对中立的观察（完全客观且不受主观解释的影响）。

时并不可靠。它们会在我们身上玩花样,重构现实,有时还会误导我们。如果我们不去学习如何对事物进行细致的观察,我们就会成为虚假信息和偏见的受害者。

我们经常把对事实的观察和对事实的解释混为一谈,时常从别人对我们说的某句话中草率地得出结论,还为其附加错误的观念,甚至以此为基础做出判断。事实上,这是一种重置先验观念的表现。对此,马歇尔·罗森伯格(Marshall Rosenberg)在《非暴力沟通》①中强调坚持客观地观察事实,不对事物做解释和判断,把当下作为人与人之间和谐关系的基础。不同于大家所想,这项练习并不容易,因为我们习惯于发表令人惊叹的观点。

## 对周围的事物充满热情

观察世界还意味着要学会不轻视周遭事物,不能认为"万物都是相同的,都是相似的",并由此陷入极度无聊之中,而是要意识到环境的多样性,为自己的生活增添色彩。

---

① 如果想了解有关"非暴力沟通"的更多信息,请阅读鲁思·贝本梅尔(Ruth Bebermeyer)的《语言是窗户(否则就是墙)》[*Les Mots sont des fenêtres (ou bien ce sont des murs)*]。

懂得观察就是会在日常世界的平凡景象前感到惊奇和觉醒，能欣赏大自然——它所展现出的无穷财富和独特智慧。比起经过一大片模糊不清的树林，穿过能分清橡树与山毛榉、枫树与栗树的树林不是更让人激动吗？

## 保护和尊重我们的环境

观察世界最终意味着认识到我们在环境中所处的地位，以及作为行为个体所承担的责任。观察、学习和理解世界是热爱和尊重世界的第一步。我们在认识到人类对自然的影响后，就会产生对生态、公民意识以及人类未来的思考。

**故事**

露娜的背包

蒂亚戈在森林里散步时总是会感到无聊。所以，当爸爸妈妈宣布周日早晨他们将一起去小镇附近的森林时，他并没有为此感到高兴，甚至不知道需要事先做些什么。

蒂亚戈不明白为什么比他大一岁的姐姐露娜，自昨晚开始就一直兴奋：她跳起来，在房间的各个角落奔跑；她拿出自己的背包,往里面塞一堆又一堆的小玩意儿。

而蒂亚戈,拿着他的可乐罐,安静地坐在电视前看他最喜欢的动画片。蒂亚戈对姐姐忙碌的行为颇为恼怒——他此刻需要安静。

"你不能冷静一下吗?"他大怒,"明天我们去森林,这有什么好兴奋的?!如果我们去游乐园,那确实值得高兴——在游乐园,有很多事可以做,有很多游乐设施,有不同类型的游戏,有很多糖果,有很多人,有很多色彩,有很多音乐,我们永远不会感到无聊。你究竟在背包里放了些什么东西?"

"如果你从沙发上起来帮我,你就会知道了。"露娜回答道。

"别想让我错过我的动画片!"蒂亚戈回应道。

蒂亚戈尽管嘴硬,但还是对他姐姐在背包里放了些什么很好奇——好奇心太盛,是蒂亚戈的一个小缺点,或者说是一个优点。他因此想了一整夜——露娜在背包里放了些什么呢?食物?玩具?作业本?露娜总是做一些奇怪的事情。除了带踩泥坑需要的靴子外,还需要带什么东西进入森林呢?

第二天,在森林里,蒂亚戈坚持不住了——他想知道那个背包里有什么。

"来吧,给我看看吧!"他求他的姐姐。

"我不知道给你看有什么用,你对周围的事物都不感兴趣。"露娜说。

"我周围的事物,目前是森林,"蒂亚戈回答,"只有树木,它们全都一样,都是一样的颜色,这里没有一点声音,我很无聊!"

"你呀!"露娜接着说,"为了不感到无聊,你总是需要很多东西在你眼前晃动,比如动画片、电脑游戏、游乐园……"

"嗯,是的,"蒂亚戈同意,"这些可供人消遣啊!"

露娜继续说:"你之所以会在大自然中感到无聊,是因为你觉得一切都是一样的……"

"是的,确实是这样!"蒂亚戈打断她。

"不!"露娜补充说,"但不是所有人都这么认为,也许是因为你不知道如何观察……"

"观察?"蒂亚戈问,"怎么观察?"

"就是仔细看,"露娜回答说,"就好像你想给看到的东西拍照一样。如果你全神贯注地看着大自然,你也许会发现它像游乐园一样好玩……"

"是吗?"蒂亚戈打断道,他并不服气……

"我演示给你看。"露娜打开背包,将手伸进去。蒂亚戈弯下腰,想看得更清楚,露娜拿出了一把放大镜。

"这是用于观察的工具之一,"露娜解释说,"这是放大镜,如果你学会使用它,你就会知道你刚才说这片森林里的树都一样的时候有多蠢。看,我这儿有一片常春藤的叶子,那儿有一片梧桐叶。它们看上去很相似,但如果你仔细看,你会发现它们并不完全相同:梧桐叶的裂片很尖,像剑一样,而常春藤叶子的裂片是圆的。"

"你说得对,"蒂亚戈说,"我不用放大镜也可以看到这一点。"

"当然,但我的放大镜让我看到了更微小的细节,这令人兴奋,我感觉我就像一条在树叶上爬来爬去的小毛毛虫。"露娜说。

"是,这挺有趣的,你说得对!"蒂亚戈表示同意。

"不止这些,"露娜再次将手伸进背包,这次拿出来一副双筒望远镜,继续说道,"当你说这里只有一些树时,你就又说了愚蠢的话。如果你有双筒望远镜,你会发现树顶还有动物,因为双筒望远镜可以让你观察到离我们很远的东西……比如鸟儿在树顶筑巢,比如松鼠,又比如这儿,我观察到一对鸭正待在它们的巢里……"

"你怎么知道它们是鸭而不是其他鸟?"蒂亚戈问道。

"这个呀……"露娜回答道,"因为我还有其他工具可以帮助我观察……"

露娜又将手伸进包里,掏出一些有关自然的小书。

"多亏了我的书,"露娜解释说,"我可以认出鸟类、树木、花朵……这将有助于我观察,因为现在我已经习惯了看这些东西……而这还不是全部!"

露娜从背包里拿出素描本和铅笔。

"我的写生簿也可以帮助我更好地观察,"露娜补充道,"因为,当你画某样东西时,你必须仔细地看所有的小细节……"

蒂亚戈突然意识到他姐姐是对的——他被很多不同的事物包围,他之所以没法分辨它们,是因为他没有很好地观察它们。

"那么,"露娜总结说,"现在我已经跟你解释了我是怎么做的,你能告诉我观察是什么意思吗?"

问题拼图卡

# 核心问题：
# 观察是什么意思？

## 构建论据的子问题清单

我们用哪些感官来观察世界？

你会不会经常花很长时间来观察某件物品？

我们可以用放大镜了解什么？
用双筒望远镜呢？
天文望远镜？
显微镜？
温度计？
尺？

我们足不出户也可以观察世界吗？

如果我们在观察时不够仔细，会犯哪些错误或做什么蠢事吗？

我们可以不仔细观察就了解周围的事物吗？

"有观察力"是什么意思？这是一种品质吗？

我们必须通过仔细观察才能知道某样东西是否美丽吗？

# 拓展活动

## 寻宝

在一个户外区域,让孩子们去寻找一些宝藏。每个孩子带上一把放大镜和一个袋子,有选择性地找出10种自然物品,如树叶、树枝、草、花朵、石头、蘑菇、水果、虫子、种子、树皮。寻宝结束后,让孩子们对它们进行分类,如将树叶归为一类,将花朵归为另一类(也可以按照颜色分类),比较所找到的物品,观察其不同的形状和颜色。

活动的变式:要求孩子们找到10种不同颜色的自然物品,或10种颜色相同但形状不同的(如圆形的、带尖角的……)自然物品。

# 4.

# 好奇心
## ——"好奇是一种品质吗?"

## 主题的定义

### 人格的自然特性

我们的好奇心是难以控制的,它是人性的一部分,是我们探索精神的一部分,驱使我们在寻求知识的道路上不断前进。

人类不喜欢悬而未决的问题。这种力量比我们自身更强大:当别人不让我们做某事时,我们反而会有做这些事情的强烈意愿;当别人不让我们进入一个未知的地方时,我们会迫不及待地冲向那里;当我们看到一个盒子时,会想把手伸进去;当别人在我们耳边低语时,我们会竖起耳朵去听……

无论这是一种品质还是一个缺点（这并无定论），我们往往难以控制自己的好奇心——这也许是因为我们天生渴望惊喜。的确，这种原始情绪①属于我们来到这个世界时便已具备的六种情绪之一。它是一种发现的力量，让我们踏上通向未知世界的道路。

## 征服世界的心理

虽然面临巨大的风险，但在好奇心的驱使下，我们敢于探索和征服世界，发现新大陆，探索宇宙空间，检验科学理论和应对技术挑战。虽然这牺牲了部分人②，但总体而言，这种好奇心是积极的，是一种冒险精神，是一种对理解世间万物和走出舒适圈的渴望——渴望了解事物并找到事物的意义。

对他人感到好奇，意味着对他们的品位和个性感兴趣。这种好奇心也意味着试图分担他们的痛苦和疾病，并给他们带来安慰。

---

① 参见"14. 情绪——'没有情绪的生活会是什么样的？'"。
② 迄今为止，已有多名宇航员为征服太空而牺牲，而为了人类科学研究和探索事业牺牲的人又有多少？

## 从同理心到窥视癖

好奇心在个体身上能够激发起世界上最好的情感——同理心,使我们能设身处地地为他人着想,学会以己度人,但它也会带来消极的一面。不断打听别人隐私的"好奇"就可能是不健康的,它让我们变成喜欢窥视他人、厚颜无耻的人,鼓动我们干涉那些与我们无关的事情。当今的真人秀节目和社交网络,使人们的窥视欲滋长——我们已经习惯在这些平台上记录我们的生活。事实上,只有当孩子们退出这类平台时,他们才能体会到什么是真正的"好奇"。

**故事**

 埃洛诺的神秘盒子

露西的姐姐埃洛诺想到了什么?(你肯定想不到她有了一个多么奇怪的主意!)

好吧,是这样的:埃洛诺请她的妹妹露西在房间里藏一个小盒子。

起初,露西没有发现其中的"陷阱"。她对姐姐说:"好的,没问题,我把它放在床下。"

她甚至没有问盒子里有什么,也没想过姐姐为什么要把盒子托付给她。

现在,当她回想起这件事时,她发现自己当时真是一点好奇心都没有。

露西拿走了神秘的盒子,把它藏在床下,然后就把它忘了,直到晚上,直到她上床睡觉的那一刻……

当时,她已经穿上睡衣,钻进了被子里(那是她最喜欢的被子,上面印满了小狮子的图案)。当她闭上眼睛,准备要好好睡一觉的时候,她想起了床下那个神秘的盒子以及埃洛诺对她说的话:"明天早上我会回来拿盒子的……你可千万不要打开它。"

啊,为什么埃洛诺要对她说这些话?

"你可千万不要打开它。"露西又想起这句话,这样说就是想要让人打开它呀!越是不能做的事,人就越想做,难道不是吗?

现在露西只想着一件事:打开盒子,看看其中藏着什么神奇的宝贝……

然而,是什么阻止了她这么做?

哦,肯定是那个诺言——露西答应了埃洛诺不打开盒子。辜负姐姐的信任可不太好——那就意味着说谎。

但是,随着夜越来越深,这个对姐姐的承诺在露西的眼中似乎没有那么重要了,她的好奇心变得愈发强烈。

于是露西再次打开床头灯,钻出被子(对,就是那床印有小狮子图案的被子),爬到床底下,拿起那个神秘的盒子。露西靠着床脚,坐在房间里的蓝色地毯上,开始努力地思考。

盒子里会有什么东西呢?

她开始发挥自己的想象力……

一只小动物?

一只鸟?

一条蚯蚓?

一只蜘蛛?

不,那样埃洛诺会在盒子上钻一些小孔,以便动物可以呼吸……

一个玩具?

或者是糖果?

为什么埃洛诺要藏一些糖果?

露西不敢摇晃盒子——万一盒子破了呢?

既然不敢打开这个盒子,那就想想别的!露西想知道为什么自己会如此好奇,说到底,这个盒子跟她没有任何关系，根本没什么要紧的！里面装的东西可能像埃洛诺收集的成百上千的小玩意儿（贝壳、钥匙圈、宝石或化石）一样不起眼——妈妈总让她丢掉这些东西，因为它们堆满了架子，把房间弄得乱七八糟的……

尽管如此，露西仍然想知道盒子里有什么！

"不知道里面有什么的感觉简直让人无法忍受！"她对自己说。

露西发现有时人们会称赞她的好奇心，老师曾对全班同学说："露西有一颗好奇心，这很好，她对很多事情都感兴趣……"

但在有些时候，露西的好奇心也会被指责，比如她的朋友卡蒂嘉曾对她说："别再掺和那些与你无关的事情了，你太好奇了！"

那么，究竟应不应该好奇呢？

难道好奇心有些时候是好的，有些时候是不好的？

这真奇怪……

露西试图找出一些例证。大概就是在思考这个复杂问题的时候，露西终于睡着了。她躺在地毯上，头搁在埃洛诺的神秘盒子上！——以至于盒子在她的脸颊上留下了一条小小的印记！

一大早，当露西刚刚睁开眼的时候，埃洛诺就走进了她的房间，想取回盒子。

"所以，"埃洛诺问，"你打开盒子了吗？"

"当然没有！"露西愤愤地回答，"我答应你不会打开它，我信守我的诺言！"

于是埃洛诺拿起盒子，检查那一小截胶带是否仍在盖子上。

"我为你感到骄傲，"埃洛诺在确认妹妹没有撒谎时说道，"我想用这个盒子测试你的好奇心，我发现你坚持住了，这很好。"

"很好？"露西问，"你的意思是不好奇才是好的吗？"

"是的，"埃洛诺回答，"好奇是件坏事。"

"可是，"露西补充说，"我半夜都在想这件事，并且发现了在很多例子中，好奇不是一件坏事。我还可以告诉你，甚至在某些情况下，好奇是很重要的品质。"

"哦，是哦，的确哦，"埃洛诺讽刺道，"请问，在什么情况下，好奇可以被称作一种品质呢？"

问题拼图卡

# 核心问题:
# 好奇是一种品质吗?

第二部分 课程手册与问题拼图卡

## 构建论据的子问题清单

是否有人觉得你太好奇了?

什么事情会让你感到很好奇?

好奇是不是指参与与我们无关的事情?

在什么情况下,好奇是不好的?为什么?

如果你一点都不好奇,那么你能在学校里好好学习吗?

问一个朋友为什么哭泣,也是一种好奇的表现吗?

好奇的反义词是什么?为什么?

如果我们从不好奇,生活会是什么样的?

# 拓展活动

## 讨论

为了继续思考"好奇"这个概念,我们可以要求孩子们对以下情况展开口头讨论:

- 当我们看到一个朋友独自在角落里哭泣时……
- 当我们在森林深处看到一间废弃的小屋时……
- 当我们听到父母在客厅里低声说话时……
- 当我们听到一个不熟悉的词时……
- 当我们最好的朋友不想和我们说话时……
- 当我们的朋友手臂上有淤青时……

# 5.
# 儿童的权利
## ——"儿童的权利平等吗?"

## 主题的定义

### 《儿童权利公约》*

一直以来,儿童都被视为未成熟的人,而非独立的个体。20世纪,在一些伟大的教育者和精神病学家,如玛丽亚·蒙台梭利(Maria Montessori)、瑟勒斯坦·佛勒内(Célestin Freinet)、唐纳德·温尼科特(Donald Winnicott)、弗朗索瓦

---

\* 《儿童权利公约》是第一部有关保障儿童权利且具有法律约束力的国际性约定,该公约旨在为世界各国儿童创建良好的成长环境。——译者注

兹·多尔多（Françoise Dolto）的关注下，儿童的地位发生了变化。儿童被视作比成年人更脆弱的、正在发展的、需要社会特别关注的人类群体。环境对于儿童思维和情感发展的重要性愈发凸显①。

如今，几乎没有人质疑儿童具有特殊地位并拥有一些特殊权利。这些权利由各国立法保障，也由联合国于1989年11月20日通过的《儿童权利公约》保障。这份公约特别宣告了"每一个儿童都平等地享有公约所规定的全部权利"，保障了儿童的四项基本权利：生存权、受保护权、发展权和参与权。

## 一些不能总是得到保障的权利

然而，儿童权利并不总是能得到保障。在某些国家或地区，儿童被迫工作或携带武器、卖淫、遭受奴役或被判处死刑（2005年之前，在美国的某些州，仍存在对未成年人判处死刑的情况）。儿童因为脆弱而更容易受到伤害，在部分卷入战争的国家中，他们甚至成了首批受害者。

---

① 关于这一主题，可以阅读卡特琳娜·盖冈（Catherine Gueguen）博士撰写的著作——《非暴力养育》（Pour une enfance heureuse）。

不幸的是,我们发现法国也存在许多不平等和不公正现象:仍存在失学儿童、被迫乞讨或行窃的儿童,以及照料不当、喂养不良或居住条件不佳的儿童。

无论出身背景如何,儿童普遍会遭受家庭教育中的暴力,例如扇耳光、打屁股或谩骂。在法国,每周大约有两个孩子因父母的殴打而丧生,每年有超过两万起有关儿童人身侵害(如性暴力)的控告,一万多名未成年人被安置在紧急庇护所[①]。

## 采取行动

是否要等孩子们达到一定的年龄才能行动呢?当涉及道德或正义问题时,哲学反思必须引发一系列具体而实际的行动。法国儿童目睹了各国儿童所面临的不平等待遇(通过电视及网络),这些现象很常见(在儿童贫困问题严峻的国家尤其明显),他们可以对此展开思考,而不只是旁观,在这个过程中,他们的公民意识会得到增强。

---

① 这些都是估计值,没有确切的统计信息。

**故事**

 露娜、蒂奥和其他人

露娜经常在电视上看新闻。现在她已经到了一定的年纪，可以理解一些较复杂的事情了，而且她好奇心旺盛，总是没完没了地问。

电视里关于儿童的报道最能吸引她。

露娜知道什么是儿童，因为她自己就是个孩子。在她居住的小城镇上，有很多与她同龄的小伙伴，比如她最好的朋友蒂奥，他俩总是在操场上聊天。露娜比较了她自己的生活和其他儿童的生活……

"昨天，"露娜对蒂奥说，"我看到了一份有关居住在战争国家的儿童的报告。"

"什么是战争国家？"蒂奥问，他不太明白这个概念。

"就是处于战争状态的国家，"露娜回答，"那里到处都是打仗的士兵，炸弹落在城市里，摧毁了房屋和建筑。"

"但是为什么会有战争？"蒂奥问。

"嗯，这个，我也不太知道，我太小了，还不能完全弄明白。但是我在电视上看到，在那些国家，一些儿童只能住在帐篷里，因为他们的房屋被摧毁了，他们一无所有……"露娜回答道。

"这太悲惨了。"蒂奥说道。

"他们没有吃的东西了,"露娜补充说,"因为商店被炸弹炸毁了,有时,他们也没有水喝。"

"那他们如何生活呢?"蒂奥问。

"嗯,一些来自像法国这样没有战争的国家的人会帮助他们,给他们送去水、食品、衣物……"露娜介绍道。

"玩具呢?"蒂奥问。他无法想象没有积木和玩具车的日子。

"嗯,这个我不太知道。"露娜说。

"那这些儿童还上学吗?"蒂奥继续问道。

"嗯,我想这很困难,因为学校有时也会被摧毁……"露娜答道。

"我们很幸运,"蒂奥补充说,"生活在一个没有战争的国家。"

"是,"露娜同意,"我们的小城镇里有很多玩具,我们可以去动物园或电影院,我们可以去学校学习,生病了可以去看医生并得到治疗……但是在其他国家,甚至在没有发生战争的国家,也有一些孩子没有充足的食物,无法上学……甚至有些孩子被迫干活。他们不像我们一样能在学校里学习,或者帮爸爸妈妈干些家务活,他们必须像成年人一样工作。"

"哦,那他们做什么工作?"蒂奥问道。

"他们挖土,扛大石头,种地……不是所有国家都像法国那么富有,世界上还有一些贫穷的国家。"露娜说道。

"为什么这些国家会贫穷?"蒂奥问。

"我不知道,我太小了,不懂这个。"露娜摇了摇头。

"在法国也有一些不幸的孩子,"蒂奥指出,"我们小城镇也有,我有时会看到一些孩子在街上讨钱,还有一些孩子和他们的妈妈一起坐在人行道上要饭……"

"是的,"露娜说,"我也看到了。"

"这些孩子,"蒂奥继续说,"他们不住在真正的房子或公寓里,甚至不去上学……"

"这不太公平。"露娜说道。

"我们能做些什么来帮助他们?"蒂奥问道。

"我们可以给他们一些东西。"露娜解释说。

"我可以给他们一些毛绒熊玩具,"蒂奥说,"我有太多毛绒熊玩具了,而且我可以送给他们一些玩具小汽车,我有很多玩具小汽车,现在它们都闲置着。"

"我有太多玩具娃娃了,"露娜补充道,"我可以把它们送给一些没有玩具娃娃的小女孩,我还有很多书……"

"我们要把这些送给谁呢?"蒂奥问。

"好吧,我们可以问问我们的爸爸妈妈,"露娜回答,"他们肯定知道该把它们送去哪里。"

"啊,是的,你说得对!我们也可以问问老师……"蒂奥表示同意。

"事实上,我们并不小了,我们已经可以帮助他们了!"露娜说道,"我们还可以做一个关于儿童权利的大展板。"

"儿童权利?这个存在吗?"蒂奥问。

"当然存在!"露娜说,"甚至有一项国际公约来保护世界各地的儿童,使所有儿童都平等,让他们可以去上学,有东西吃,生病时可以得到照顾……"

蒂奥若有所思地挠了挠头。

"尽管有这个公约,"他说,"但是,孩子们仍然不是平等的!"

"对,你说得没错。"露娜承认。

"那么,"蒂奥继续说道,"既然我们可以为一些孩子提供帮助,并且有一项公约来保护世界各地的所有孩子,那么为什么孩子们还是不平等的呢?"

问题拼图卡

# 核心问题:
# 儿童的权利平等吗?

## 第二部分　课程手册与问题拼图卡

## 构建论据的子问题清单

你有权利吗？有哪些权利？

当你的权利没有得到尊重时，
你感觉如何？
例如，当有人不让你玩游戏时，
你感觉如何？

儿童的权利始终
能得到保障吗？

"所有的孩子都是平等的"，
这句话是什么意思？

当你看到一个孩子在街上乞讨时，
你有什么感觉？

世界上有些孩子没有
足够的食物，对此你怎么看？
（想想你饿肚子的一天）

你可以采取什么行动
来帮助贫困儿童？（历史上
有哪些扶助贫困儿童的例子？）

是否应该采取一些措施来确保
所有儿童的权利都得到尊重？
我们可以做什么？

## 拓展活动

### 看图说话

可以请孩子们对几张照片发表评论(有些照片中儿童的权利得到了尊重,有些照片中儿童的权利没有得到尊重),然后根据照片中儿童的权利是否得到尊重,将这些照片分为两类。

对于每个答案,孩子们都需要做口头论述。

# 6.
# 爱
## ——"什么是爱?"

## 主题的定义

### 情感与喜好

对孩子们而言,"爱"这个字很难被理解,因为它有两种截然不同的含义,有时指的是某种"情感",有时指的是"喜好"。当我们说"我爱妈妈""我爱我的朋友们""我爱你"和"我爱果酱""我爱唱歌""我爱巴黎"时,用的是同一个字——"爱",但其意义显然是不同的。

因此,与孩子们一起进行的首要工作是区分"情感之爱"和"喜好之爱"。前者与我们的情感相关(即真正的"我爱"),

通常难以解释；而后者与我们的感官体验以及我们对其做出判断的能力相关，侧重于表达个人喜好（即"我喜欢"，意味着"我欣赏"）。

## 爱的不同程度

即使仅指我们自己的感受，"爱"这个字的含义也会随着我们感受到的爱的强度发生变化：爱狗，爱朋友，爱妈妈，这些爱的程度不是同等的；一个人对朋友的爱、在坠入爱河时产生的爱，以及对孩子的爱，程度是截然不同的。

爱一个人有很多种表现，我们很难对爱达成共识。嫉妒究竟是爱的证明，还是缺乏信任的表现或一种占有欲（这或许与真正自由的、无私的爱相违背）？

## 神圣的爱或无私的爱

爱是神圣的，这一点使它变得与众不同，并在我们的生活中凸显出来。有些人认为爱之所以神秘和难以解释，是因为它来自心脏而不是大脑①。爱促使我们采取行动，敢于冒风险，甚至做出一些考虑不周的决定；它激发了艺术家的灵感，并推动他们创造出最伟大的杰作。它鼓励高尚的、人道的行动，却不期望得到回报。爱并不代表保持沉默，表达爱的方式是多种多样的：一句说出口的话、一个深情的手势、一个微笑、一个拥抱、一个亲吻、一件礼物、一幅画或一首诗②……对于一个孩子而言，认识并表达自己的感受是值得被鼓励的。

尽管利己主义理论的拥护者们不承认，人类能完全不考虑自身的利益（如自己的安全），用最无私的方式行动。但是许多现有研究已经表明，无私的爱③是英雄行为的基础。在某些情况下，人们甚至愿意冒着生命危险去帮助他人，这样的例子不胜枚举。

---

① 法国哲学家布莱兹·帕斯卡尔（Blaise Pascal）在他的《思想录》（*Pensées*，1669）中写道："心有其理，而理性无法理解。"现在，这句格言被用来表达一个人对某人不可言喻的爱。
② 这大概就印证了法国诗人皮埃尔·勒韦迪（Pierre Reverdy）的那句名言："世上没有爱情，只有爱的证明。"
③ 即神圣的爱或无私的爱，区别于性爱（肉体上的爱）和友爱（精神上的爱）。

> **故事**

>  **莉拉的大问题**
>
> 莉拉和萝拉是一对长得几乎一模一样的双胞胎:她们如此相像,好似从同一朵云上掉下的两滴雨。什么东西最像一滴雨?当然是另一滴雨!
>
> 今天早上,莉拉问了她的双胞胎妹妹一个重要的问题,那就是:"什么是爱?"
>
> "昨晚,"莉拉说,"当爸爸来我房间跟我说'晚安'的时候,我问他是否爱妈妈,他回答说'我当然爱妈妈!',然后我问他是否像爱巧克力蛋糕一样爱妈妈(因为他总是吃巧克力蛋糕),他不知道怎么回答我!他耸了耸肩,然后走出了我的房间,说道'这可是两码事啊!好了,晚安!'。你明白吗?爸爸竟然不知道他对妈妈的爱是不是超过了对巧克力蛋糕的爱!"
>
> "这不是因为他不知道,"萝拉说,"而是因为向你这样的小女孩解释这个问题很难。"
>
> "是的,不过他没有回答,"莉拉说,"我现在不知道他对妈妈的爱是不是胜过了对巧克力蛋糕的爱!"
>
> "这是两码事。"萝拉耸了耸肩膀。

"你看!"莉拉补充道,"你的回答就像爸爸的一样!你也不知道!你们说对巧克力蛋糕的爱与对妈妈的爱无关,但它们都是爱,我们说'爱蛋糕'就像我们说'爱妈妈'一样!"

"是的,它们用了同一个字,但这不意味着它们是一回事儿……"萝拉回应道。

"既然你那么聪明,那就向我解释一下它们的区别吧。"莉拉说。

"呃,我不知道如何解释这些事情,我太小了,但是我可以举一些例子。我想表达的是,爱的对象是不同的,巧克力蛋糕是可以吃的东西,妈妈是不能吃的。我们对可以吃的东西的爱与我们对不能吃的东西的爱是不一样的。例如,我说'我爱香蕉'或'我爱运动鞋',与我说'我爱我的狗——帕图'或'我爱奶奶'时的'爱'是不同的。"萝拉回答。

"好吧,但是你的分类是错误的,"莉拉说,"因为运动鞋是不能吃的,'我爱运动鞋'与'我爱我的狗'中的'爱'不是同一种爱。"

"哦,是的,你说得对。那我们该怎么做?"萝拉问道。

莉拉和萝拉默默地摸着脑袋,思考着如何分辨"爱"。

"一个字或词可以有两种不同的含义吗?"萝拉问。

"也许吧。毕竟'règle'既可以指测量工具'尺',又可以指法律中的'规则';'carte'既指用于游戏的'纸牌',又指用于找路的'地图'……至于'glace',它既指'香草或巧克力冰激凌',又指可以照出自己的'镜子'。"莉拉说。

"它们都具有多种含义——你还能举出其他例子吗?"莉拉问道。

"我知道我们该怎么做了,"萝拉说,"我们把有生命的东西归为一类,把没有生命的东西归为另一类。"

"嗯,这还不错,"莉拉回应道,"这样,我们就可以将香蕉与运动鞋归为一类,将狗狗帕图与奶奶归为另一类!"

"是的,这样行得通。我们可以把爸爸妈妈、奶奶和帕图归为一类。把最爱的挎包与运动鞋归为一类。我们还可以将我们的朋友蒂奥、迈赫迪和爸爸妈妈、奶奶、帕图归为一类。"莉拉说道。

"是的,他们也是有生命的。"萝拉补充说。

莉拉挠了挠头。"还是有点不对劲。"她说。

"什么?"萝拉问道。

"呃,我爱我的朋友蒂奥和迈赫迪,但我不像爱爸爸妈妈一样爱他们。"莉拉回答。

"哦，是的，确实，你说得对……"萝拉表示同意。

"那我们该怎么办呢？我们不能把他们和香蕉放在一起吧？"莉拉问。

"嗯，不行，因为对香蕉的爱不像我们对朋友们的爱，它们完全不同！"萝拉说。

两姐妹互相看着对方，陷入沉思。

"这个分类标准似乎不适用于其他事物。"莉拉补充说。

"是吗？还有什么？"莉拉问。

"例如，我爱蓝色。但它既不是有生命的事物，也不是没有生命的事物，而是一种颜色！"萝拉回应道。

"你说得对，假期也是如此。"莉拉表示同意。

"假期？"莉拉问，"你对假期有什么想法？"

"嗯，比起爱学校，我更爱假期，但是假期既不是有生命的事物，也不是没有生命的事物，而只是假期！我怎么知道比起爱巧克力或爱黄色，我是不是更爱假期？"萝拉问道。

萝拉拍了下手。

"我有个主意！"她喊道，"也许我们应该用其他词代替'爱'。例如，我们不说'我爱假期'而说'我喜欢假期'，不说'我爱黄色'而说'我认为黄色很漂亮'……"

"你挺聪明呀!"莉拉惊呼,"也许这能帮助我回答我的大问题!"

"你的大问题是什么呀?"萝拉问。

"我的大问题是——什么是爱?"莉拉说道。

第二部分 课程手册与问题拼图卡

## 问题拼图卡

# 核心问题：
# 什么是爱？

## 构建论据的子问题清单

你最爱的人是谁?
你能说说自己为什么最爱他吗?

你可以列出你喜爱的物品吗?
你爱吃的水果?
你爱看的电影?
你爱玩的游戏?
你最爱的颜色?
……

对巧克力冰激凌的爱和对猫的爱是不是同一种爱?

对朋友的爱和对父母的爱是否相同?

我们有时会吵架,但我们仍然相爱吗?

必须相像才能相爱吗?

爱的反义词是什么?

爱可以促使我们做一些美好的事情吗?我们可以做哪些美好的事情?

# 拓展活动

## 冥想练习

与人们所想的相反,无私的爱虽出于天性,却是可以通过后天培养而增强的——这得益于我们大脑的可塑性(能够在神经元之间建立新的连接并增强现有突触的功能)。

得益于医学观察技术的进步,大量研究证明了冥想对大脑的有利影响。在短短的几周内,通过每天冥想20分钟,一组受试者有关同理心的大脑区域的功能得到了显著增强。经过两个月的练习,受试者在日常生活中感受到了更多的欢乐、善意和热情。冥想还有另外一些好处:它被证明可以增强注意力并有助于更好地控制情绪。

这里有一个关于冥想的小例子,很容易尝试,我们可以和孩子们一起做或自己做!

首先,需要了解冥想的要领。

- 姿势。坐在椅子上,后背挺直,双手放在双膝上,掌心向下,双腿分开,双脚平放在地上,双眼紧闭,姿势应稳定，但不要太僵硬。重要的是在不松懈的同时，保持舒适的姿势。

- 冥想的持续时间和频率。先从3～5分钟的短暂冥想开始，几周后，可以将时间延长至十几分钟。为了获得更好的效果，建议每周至少练习1次，如果可以，应增加练习次数。不过，即使每周只进行1次练习，时间也不会白费。

- 过程。以中立、平静、舒缓的语调，指导孩子们将注意力集中在呼吸上，让那些不可避免地浮现在脑海中的思绪自然流过，无偏见地接纳它们。

然后，引导孩子们将注意力集中在亲近的人（如妈妈、爸爸、生病的奶奶或保姆……）身上，请他们满怀爱意地认真思考，想象与所爱之人拥抱……想象对他们的所有美好祝愿。

这个过程持续两三分钟。在最初的几次练习中，我们可以让孩子们就此结束。经过多次练习后，我们可以请孩子们将他们对亲近的人的同情扩展到其他不那么亲近的人（例如朋友或病人）身上，他们可以想象一个生病的人，并祝他早日痊愈……

最后，可以让他们用善良的心去想想世界上所有的人，如他们不认识的人、生活在地球另一端的人……我们可以鼓励他们想象一些生活环境不如自己的孩子的境况,并为那些孩子送去祝福……

# 7.
# 友谊
## ——"什么是友谊?"

## 主题的定义

### 友谊,一种本能的需要

人类是一种群居的社会性动物,天生具备同情心。如果没有他人的陪伴,人类就无法在大自然的严酷环境中生存,也无法创造出各种文明。我们需要在生活的各种时刻交谈、倾诉、听从劝告;在不如意时得到支持、表达情感;在悲伤时得到理解;在大笑时分享快乐。总之,我们需要朋友。

但是,友谊是一个极难被定义的概念。朋友不只限于伙伴或情人,有时可能是邻居,有时则是同事。从前,朋友可能是通信笔友；如今，朋友可能是网上结识的人。对于某些人而言，朋友可能是相伴的宠物；在未来的某一天，朋友还可能是机器人。

对于孩子们而言，伟大的友谊常常始于学校并持续一生。因此，有必要思考一下什么是友谊。

## 友谊，行动的动力

我们可以与朋友一起经历一些事情，创造一个小天地，比如：一起玩耍、散步、运动、去电影院、度假或聚会庆祝，以及互相帮助……友谊存在于生活中，也体现在行动里，它推动我们、鼓励我们、锻炼我们，它的出现满足了我们对欣赏、惊喜、成长和学习的需要。

我们的朋友能够支持我们渡过难关或做出艰难的决定，此所谓"患难见真情"。

虽然那些美好的或艰难的时光终会过去，但这些都深深地刻在了我们的心里，成了我们生命的一部分。

# 友谊,就是学习他人并学会宽容

无论是含蓄内敛的还是热情奔放的,友谊从来都不是完美的,就像人类本身一样。我们会和朋友争论,生气,感到不被理解。这些不睦可能会很持久且令人痛苦。因为朋友是陌生人的反义词,所以我们对其有感情,有友爱之情,有很深的依恋,在某些情况下这种依恋还可以代替我们对家人的依赖。

我们信任自己的朋友,将真心托付于他们,和他们分享秘密,坦诚交流。我们有时也会感到失望。但是朋友的不完美会促使我们意识到自己的缺点,有时他还会坦率地向我们指出这些缺点。接纳彼此的不完美之处促使我们学会宽容、宽恕,当然,前提是失望感尚未达到难以承受的程度。

### 故事

 **蒂奥和奥马尔之间的不和**

今天学校里发生了一件不好的事情,整个班级都很混乱:奥马尔与他最好的朋友蒂奥吵了一架,严重的是蒂奥对奥马尔说:"你再也不是我的朋友了!"

哦,我知道你们想跟我说什么,你们会说,我有点夸张了，这没那么"严重"。

你们也许会告诉我：战争是很严重的事；在贫穷国家有的孩子像成年人一样工作，是很严重的事；小女孩因为饿肚子在街上讨钱，是很严重的事。

如果莉拉在公园里丢了她的毛绒玩具，这是很严重的事；如果露娜吞下了牙刷上的所有刷毛，这是很严重的事；如果蒂亚戈在吃果酱馅饼时咬到了舌头，这是非常严重的事；又或者，如果马里于斯半夜偷偷从床上爬下来去偷吃冰箱里的草莓冰激凌，这是非常严重的事；再或者，如果萝拉在涂色时鼻尖沾到了颜料，这是很严重的事。

你们也许会告诉我这些才能被称作"严重的"事情，朋友发生一点争执是很常见的，根本不算什么！我们常常为小事争吵、生气、发火，为泄愤说朋友的坏话，然后，在晚些时候，我们就会和好，一起开怀大笑，成为最好的朋友！

要知道，奥马尔和蒂奥从未争吵过，他们相处得很好，好得让人觉得他们就像一个人似的。

但这还没完！另一个问题是，奥马尔和蒂奥都不想解释他们为什么吵架……所有的朋友都试图让他们说一说，以便能劝解几句。但是他们什么都没说！这两个人像鱼一样沉默!

这件事在学校里传开了:每个人都想知道蒂奥为何对奥马尔如此生气,奥马尔为何向蒂奥甩脸子!

奥马尔和蒂奥为什么生气?——这是问题的关键!

奥马尔和蒂奥的所有朋友都在猜测原因。

"我知道奥马尔为什么和蒂奥吵架。"迈赫迪对一起玩弹珠的马里于斯说。

"是吗?"马里于斯问。

"嗯,我猜的,"迈赫迪说,"我想是因为奥马尔想玩蒂奥的陀螺,但把他的陀螺弄坏了……"

"你觉得蒂奥能为这么点事生气吗?"马里于斯质疑。

"好吧,"迈赫迪说,"那可是一个超棒的陀螺呢!"

在操场的另一端,露西和卡蒂嘉正在吃巧克力饼干。这是她们的小习惯——在课间吃轮流带的小零食。

"我想我知道奥马尔和蒂奥为什么翻脸。"露西说。

"快跟我说说!"卡蒂嘉说。

"因为昨天蒂奥不想和奥马尔分享他的糖果。我看到他带了一大包糖果,可他一颗都没有给蒂奥!"

"这很严重!"露西很气愤,"如果你不和我分享糖果,我也会生气的!"

"我也是!"卡蒂嘉表示认同。

在操场上挺立的大树旁,莉拉和萝拉这对双胞胎正在讨论奥马尔和蒂奥不和的原因。

"他们吵架是正常的。"莉拉对萝拉说。

"为什么是正常的?"萝拉问。

"因为他们有太多的不同了:蒂奥热爱足球和喜欢骑自行车,奥马尔喜欢大自然和阅读,所以他们迟早会吵架。"莉拉回答。

"所以呢?"萝拉接着问,"两人会因为不同而不能成为朋友吗?你看,我们俩并没有一样的喜好,但我们是世界上最好的朋友!"

"你在说什么呀?!"莉拉打断她,"我们不是朋友,我们是姐妹!"

"姐妹难道不能成为朋友吗?"萝拉挠着头问。

"呃,我不知道!"莉拉回答道。

(让两姐妹慢慢想吧,我们悄悄去听听蒂亚戈和金姆在说什么。)蒂亚戈和金姆也在谈论今天的热点话题——蒂奥和奥马尔的争吵。(但是我们必须靠近点听,因为他们在窃窃私语。)

"我知道发生了什么。"金姆小声说。

"你真的知道吗？"蒂亚戈问金姆，并压低声音说道，"还是说，你觉得你知道？"

"好吧，好吧，"金姆承认，"我觉得我知道，这只是一种猜测。我认为，蒂奥泄露了奥马尔告诉他的一个秘密。"

"那会是什么秘密？"蒂亚戈问。

"嗯，靠近我一点，我在你耳边说……"金姆小声说。

（靠近点，靠近点！你们足够靠近蒂亚戈和金姆了吗？你们听到他们说的话了吗？没有？该死！我也没听到！）

"嗯，应该就是这样的！"蒂亚戈说，"我们两个人之间无论如何也不会发生这种事。"

"好吧，我希望这不会发生，"金姆回应，"但是，我觉得这种事情可能会发生在任何朋友之间……"

"是吗？你觉得？"蒂亚戈问。

"当然！在你看来，什么是友谊？"金姆问道。

问题拼图卡

# 核心问题：
# 什么是友谊？

## 构建论据的子问题清单

你有朋友吗？
你喜欢和他一起做什么？

你会和你的朋友
分享自己的感受吗？
比如哪些感受？

必须相像才能成为朋友吗？

伙伴和朋友是一样的吗？

我们可以和动物做朋友吗？
可以和家人做朋友吗？

如果我们与朋友吵架了，
他会成为我们的敌人吗？

朋友是一辈子的吗？

如果没有朋友，我们可以生活吗？

# 拓展活动

## 模仿游戏

我们可以与朋友一起外出运动、分享秘密和感受……

为了继续思考"友谊"这个概念的不同方面,我们可以请孩子们通过表演,再现他们和朋友互动的场景。

在每次表演结束后,大家可以发表自己的看法并展开讨论。

以下主题,可以为孩子们的表演提供灵感:

| | | |
|---|---|---|
| 庆祝生日 | 闹别扭 | 跳舞 |
| 互相开玩笑 | 分享糖果 | 过家家 |
| 拥抱 | 骑车 | 倾诉秘密 |
| 打电话聊天 | 做家务 | 玩蹦床 |
| 一起游泳 | 滑雪 | 看电视 |
| 滑轮滑 | 争吵 | |

# 8.

# 个性
## ——"有个性意味着什么?"

**主题的定义**

## 我们是独一无二的

人类有多个维度。首先,在生物学的维度上,人类拥有由皮肤、器官、基因、激素等构成的独一无二的身体;其次,在本体的维度上,人类是由自己的性格(包括优点和缺点)、文化、喜好、对事物的感知构成的……最后,在心理的维度上,人类有历史、过去、生活阅历,这些经历造就了人类,有时也会成为负担①。

所有这些维度让我们成为完整的、特殊的、不可替代的、不可互换的生命。

## 人生规划

我们不只是一个身体、一段过去或一种文化，这些并不能将我们定义为被决定论支配的存在，或像算法一般机械地受控②、只是依赖出身环境和社会群体、受困于社会结构体系（如陷入蜘蛛网的虫子）、对人生只有有限的掌控权的个体。我们有自由的意识，能做决断，能反抗，能选择，能掌控自己的存在。也就是说，人没有固定不变的个性，我们始终处于不断否定自我、创造自我、重塑自我的过程中。

我们的个性首先取决于我们在生活中选择成为怎样的人，即我们的人生规则。让-保罗·萨特（Jean-Paul Sartre）曾指出，

---

① 根据弗洛伊德的无意识理论，人类完全受其过去支配。尽管相信自己能自由行动，也完全了解自己的行为动机，但我们其实是由内心隐藏的不为人知的本性控制的……

② 这一观点有时被当作真理，由神经科学所推崇，德国哲学家马库斯·加布里尔（Markus Gabriel）在其著作《我非我脑》（*Pourquoi je ne suis pas mon cerveau*，2017）中对此进行了精彩的反驳。

我们不是被"物化的",我们所做的事情决定了我们的性质,并超越了我们的本质,而非相反[①]。

因此,重要的是鼓励孩子们思考他们以后会成为谁,并让他们意识到一切皆有可能,没有什么是注定的或提前写好的,而且他们的未来首先应取决于他们自己的意愿。

## 发现自我

认识自我是自我构建的关键。而自我探索,发现真正的自我,是一场令人兴奋的冒险。培养自己的个性,意识到自己的独特性,与他人一起生活,接受他人的不同,不是刻意模仿以求融入,这是追求自由生活的真谛。

在寻求自我的过程中,其他人当然可以帮助我们,他们可以客观地看待我们,指出我们的性格特征,向我们建议适合我们的着装、发型,发现我们语言中的一些小习惯,帮助我们成长并走出自己的主观世界。

---

① 出自《存在主义是一种人道主义》(*L'Existentialisme est un humanisme*,Jean-Paul Sartre,1946)。

## 故事

###  金姆和桌上足球

昨天,姑姑对金姆说:"哦,你啊,你真有个性!"

可金姆并不太明白那是什么意思。当时,她太专注于游戏,无法请姑姑解释清楚——她正在和表哥进行桌上足球比赛,根本停不下来!如果要指出金姆最讨厌的一件事,那就是输掉一场比赛。

哦,是的,金姆知道她的这个小缺点,经常有人向她指出:她是一个怕输的人!

她的朋友露娜经常这样说她,常和她玩牌的爸爸也说:"金姆,你太输不起了,这真让人讨厌。如果再这样,就没人想和你一起玩了……"

今天早上,在上学的路上,金姆在面包店前遇到了露娜。于是,金姆向露娜分享了自己昨天的困惑:"我不明白我姑姑说的是什么意思。"她向露娜解释说:"所有人都有个性啊!为什么她说我比别人更有个性?"

露娜摸了摸下巴,这是她认真思考时的小怪癖。

"其实,"露娜说,"我也不太明白,我爸爸曾经说过一个人性格古怪,这可能和你说的'个性'有关系……"

"那是一个什么样的人?"金姆问。

"呃,我觉得他很正常,没什么特别的,但穿衣风格除外,他穿得不是很时尚……"露娜回应道。

"什么是'时尚'?"金姆提问。

"'时尚'就是穿得像其他人一样,爸爸说的那位先生打扮得有点像卡通人物,身上有很多种颜色——橙色、蓝色、红色!"露娜答道。

在去往学校的路上,金姆四处张望。人行道上的人看上去都很正常,没有人看起来像卡通人物!

"所以,"金姆说,"你觉得,个性和穿衣有关?"

"可能吧,"露娜赞同,"一个人穿得五颜六色,这表明他个性有趣,如果他穿着时尚……"

"是不是就说明这个人个性无趣?"金姆问。

"呃,不是吧。"露娜说。

她俩一边思考,一边走过玩具店。和之前每一天的早晨一样,她们会花几分钟欣赏橱窗里的陈列。

"妈妈答应我,在我生日的时候给我买这个玩具娃娃。"露娜两眼放光,指着一个穿蓝色裙子的娃娃说道。

"你真幸运。"金姆说。

"妈妈说,"露娜补充道,"这是因为我做事很专心,她想奖励我。"

金姆笑了,她觉得露娜的妈妈说得对:她的女儿非常专心,也很仔细。露娜涂色时,永远不会把颜色涂到线外。还有,当她制作项链时,她可以花几个小时把一些很细小的珠子串起来,以至于她那些没耐心的朋友总是请她来帮忙制作项链。

而金姆并不像露娜那样细心,她喜欢蹦来跳去。在集体运动中,大家总是很高兴有她的加入,因为她充满了活力。但是,没有人会想到请她制作项链——结果将是灾难性的!

金姆突然意识到姑姑是在看到她玩桌上足球时说她有个性的……这有关系吗?

"事实上,"金姆自言自语道,"我之所以喜欢运动,是因为它是我个性的一部分,而你之所以喜欢做手工,是因为它是你个性的一部分……"

"你这样认为?"露娜问,"这是否意味着我们的个性就是我们的喜好?"

"也许吧……"金姆答。

她俩继续往学校走,很开心地列出了她们喜欢的活动:

"我喜欢唱歌!"

"我喜欢快跑!"

"我喜欢用双筒望远镜看鸟!"

"我喜欢穿着旱冰鞋做有难度的动作!"

"我喜欢看漫画!"

"我最喜欢的事情是修理我的旧赛车!"

她们列出了自己喜欢的数十种活动,但金姆对这个答案似乎不太满意……

"姑姑说我有个性时,我正在玩桌上足球,"金姆说,"但这不一定是指我对桌上足球的喜爱,你还记得我比赛时的状态吗?"

"哦,是的,"露娜回答,"你是个斗士!最重要的是,你不喜欢输!"

"姑姑说的可能是这个——我的性格……"金姆说道。

"你知道的,"露娜插嘴,"最好的办法还是问问你姑姑她是什么意思。"

"不!"金姆打断道,"我不想遇到什么问题都去问大人!我更想自己动脑筋寻找答案!问姑姑'有个性是什么意思',可不是我会做的事情!"

> **问题拼图卡**

# 核心问题:
# 有个性意味着什么?

## 构建论据的子问题清单

- 你认为你最突出的优点是什么?
- 你知道自己有什么缺点吗?
- 你觉得自己与别人不同吗?具体在哪些方面不同?
- "性格不好"是什么意思?
- 人可能十全十美吗?
- 我们的好恶(喜欢什么和不喜欢什么)从何而来?
- 他人会影响我们的个性吗?
- 我们是否应该学会说"不"?

# 拓展活动

## 看图说话

"巴汝奇之羊"一词出自弗朗索瓦·拉伯雷(François Rabelais)在 1552 年出版的《巨人传(第四卷)》(*Le Quart Livre des Faits et Dits Héroïques de Pantagruel*)。巴汝奇为报复嘲笑他的丹德诺,买了丹德诺的"头羊"并把它扔进了海里。随后,整个羊群都毫不犹豫地跟着这只羊,跳进海里淹死了。

对此,我们可以展示一张羊群的照片,请孩子们在思考 1 分钟之后,说说这张照片让他们想到了什么,以及这张照片喻示了什么。

# 9.

# 自由
## ——"有没有绝对的自由?"

### 主题的定义

**获得内心的自由** ①

自由不仅仅是让我们直接表达欲望。事实上,我们的欲望背后隐藏着我们难以掌控的动机,比如生物性或社会性的决定因素,以及无意识的心理和情感机制……一些研究表明,我们的大部分决定是在无意识的情况下做出的,这些决定有时需要几秒钟才能到达我们的意识层面,而且很多决定是起源于情感

---

① 可以参阅本书中有关"个性"的讨论,其中涉及一些关于心理自由的问题。

的，没有情感，就不可能做出决定①。

满足一个人的欲望并不能使他更自由，恰恰相反，这样的舒适让他不需要策略、耐心和思考就能获得他想要的一切。自由是靠深刻的内省才能获得的；没有这种对自我和欲望的根本性思考，很难实现真正的自由。

## 保障自由的法律

没有民主商定的集体生活规则，个人自由就不可能实现。有时法律会让人感到沮丧——它似乎限制了我们的欲望，但事实上，法律是自由的保障，可以保护我们免受怀揣不良意图或更强势的人的侵害、盗抢以及其他不法行为的威胁。集体生活的民主规则为所有人创造了自由的空间，让弱势民众和他人享受同等权利。

正如卢梭（Rousseau）所言："唯有服从人们自己为自己所规定的法律，才是自由。"②

---

① 可以参阅安东尼奥·达马西奥（Antonio Damasio）的《笛卡尔的错误》（*L'erreur de Descartes*，1995）。

② 出自《社会契约论》（*Du Contrat Social*，1762）。

# 自由与想象力

人类大脑是自由的真正所在，因为它是我们想象力的发源地。只有通过思考，我们才能让自己从现实世界中解脱，进行抽象思考，并在精神上把自我投射到其他地方或未来，以实现真正的自由——即便身陷囹圄，人类想象世界、创造世界，让意识脱离现实，否认现实以及使之概念化的能力也是无限的。

由此看来，艺术和游戏不正是我们无拘无束地展现自由的理想领域吗？这或许将成为我们获得自由的最佳方法，因为它们可以帮助我们更好地了解自己，了解周围世界的局限性。

**故事**

 **卡蒂嘉的惩罚**

露西很喜欢去她最好的朋友卡蒂嘉的家。一是因为卡蒂嘉住在小镇的另一边，她可以趁机骑自行车溜达一下；二是因为卡蒂嘉的妈妈会做全世界最美味的牛奶巧克力；三是因为卡蒂嘉有一只侏儒兔，叫作彭彭，它总会做很多好玩的动作！

今天早上，露西特别高兴，因为她有好消息要与她的朋友卡蒂嘉分享。嘘!她稍后会告诉我们的。

当露西进入卡蒂嘉的房间时,她发现卡蒂嘉没精打采地躺在床上看书。

"哦,你今天看起来有点难过啊。"露西对她的朋友说。

"是的,"卡蒂嘉回答,"这是因为我被惩罚了。"

"哦?"露西问道,"你因为做了什么被惩罚?"

"昨天,在我们去看电影时,我没有听我姐姐的话,闯了红灯。"卡蒂嘉回答。

"哦,这太严重了!"露西说,"你可能会被车撞倒的!"

"是的,我知道了。我犯了个大错误,那是因为我当时迫不及待地想去看动画片,你明白吗?我等不及了,所以今天我就被禁止离开屋子了。我感觉我现在就像彭彭一样,被关在笼子里了。"卡蒂嘉说道。

"别夸张了,"露西说,"你还是可以去客厅或厨房,去你姐姐的房间玩耍。彭彭不一样,它只有一小块地方,它几乎动不了。"

"它并没有不开心啊,"卡蒂嘉说,"对它来说,只要有生菜和面包皮,就很好了!另外,今天早上,它还去花园了……它非常开心,到处跑,甚至试图玩滑梯呢!"

"不会吧？！"露西不可置信地看着卡蒂嘉。

"是的，它试图爬上滑梯！啊，它很聪明，我告诉过你的！"卡蒂嘉回应道。

露西和卡蒂嘉哈哈大笑，想象着彭彭玩滑梯的样子。

"无论如何，"露西补充道，"我认为你因为犯了大错受到惩罚是正常的。你可以趁这个时间想想自己做过的事情。"

"我，"卡蒂嘉皱着眉头说，"我想要的是自由地做我想做的事！等我长大后，我就可以自由地做任何我想做的事！"

"你知道自己说的是傻话吧？"露西耸了耸肩问。

"为什么是傻话？"卡蒂嘉问。

"因为即使是大人，也无权做任何他们想做的事，"露西说，"例如：成年人不能打架；不能开车闯红灯，他们必须像行人一样遵守交通规则；他们也不能在街上扔纸屑……他们必须像大家一样，把垃圾扔到垃圾桶里！"

"是的，"卡蒂嘉说，"但他们是自由的：他们可以开车，可以想什么时候睡觉就什么时候睡觉，也可以惩罚自己的孩子！即便有不能做的事情，他们也可以是自由的！"

"我不太懂，"露西说，"但这不意味着他们可以做任何自己想做的事情。"

"哦,天哪!"卡蒂嘉说,"你的话把我绕晕了!我想要出去,可我不能出去!"

"你受罚,只能怪你自己,"露西回道,"你只要别把自己置于危险之中就好了。现在我们两个人都受罚了——我可是带着惊喜来的。你看,我有两张票,本来要和你一起去动物园玩的!"

"哦,该死!"卡蒂嘉说,"这也太可惜了!我比刚才更难过了!"

"听着,"露西说,"没那么严重,我们明天去,你在床上给我腾个地方,我们来玩个游戏吧。"

"哦,什么游戏?"卡蒂嘉问。

"我们闭上眼睛,"露西说,"想象一下,如果没有任何限制,我们可以做什么——我想要做的是,把玩具店里的所有玩具都买下来!"

"我呢,"卡蒂嘉说,"我要一边看恐怖电影,一边吃光世界上所有的糖!"

"我,"露西接着说,"我再也不想洗澡了!"

"呸,"卡蒂嘉说,"如果你再也不洗澡了,你就不是我的朋友了,你闻起来会很臭!"

"呃,那你也一样,"露西补充说,"如果你吃光世界上所有的糖果,你就不再是我的朋友了,因为你会一直生病的!"

说完,她俩开始哈哈大笑。

"的确,我们都不至于那么做,"卡蒂嘉说,"但是这些还回答不了我的问题……"

"你有什么问题?"露西问道。

"即便有不能做的事情,我们也可以是自由的吗?"卡蒂嘉说。

问题拼图卡

# 核心问题:
# 有没有绝对的自由?

第二部分 课程手册与问题拼图卡

## 构建论据的子问题清单

你能够自由地做什么事情?

当你被禁止做某件事时,你感觉如何?

成人有想做什么就做什么的自由吗?

动物自由吗?

如果孩子们有想做什么就做什么的自由,那么学校会是什么样的?

如果成年人可以做任何他们想做的事,那么大街上会是什么样的?

你有随心所欲地思考和想象的自由吗?

禁止做某些事情有必要吗?

# 拓展活动

## 图片分类

我们是否可以做任何自己想做的事情?

为了围绕"自由"的概念继续思考,可以要求孩子们判断一些图片中的行为是被允许的("我可以做……"),还是被禁止的("我不可以做……"),并将图片分成两类。

图片上可以呈现孩子们踢足球、挖沙子或看绘本的场景,也可以呈现孩子们吃棉花糖、玩手机、乱扔垃圾的场景。

# 10.

# 团结
## ——"团结重要吗?"

## 主题的定义

### 与生俱来的团结

团结是与生俱来的。德国马克斯·普朗克研究所(Max Planck Institute)开展的研究表明,儿童天生具有同理心,10—14个月大的婴儿就能够对他人的痛苦感同身受①,表现出利他

---

① 他人的笑会激发我们内心的喜悦,他人的沮丧会激发我们的悲伤——这就是神经元反射的作用!它会在我们体内再现感官从外部感知到的现象。观看网球运动员打球,我们在精神上也在打网球;看到他人吃东西,我们内心也在吃东西,甚至有些人会馋涎欲滴;看到有人打哈欠,我们也想打哈欠;听到有人咳嗽,我们的喉咙也会发痒!

主义并纠正不公正的现象，而且这样做不是为了得到成人的奖励，而是他们自发地伸出援助之手。

同理心增强会促使我们对陌生的、遥远的、与我们不同的人表现出团结和同情；而缺乏同理心会导致我们不关心他人的命运，从而踏上野蛮之路。

## 团结协作

团结不仅仅是一个想法，它真正的意义体现在承诺和一系列具体的行动中，这些行动旨在抵制不公正的现象，为他人提供实际的支持，因为我们会担心他人的不公命运。

团结是所有人（包括有一定行动力的儿童）学习成为公民的过程。常见的团结行为包括：安慰痛苦的朋友，帮助父母完成一项工作，与没有点心的朋友分享点心，喂养动物，交流知识，关心环境并以环保的方式行事……

## 为了生存的团结

团结让我们变得更强大，使我们能够完成无法独自完成的任务。它是在关系中培养出来的。人类之所以能拥有朋友，成为与自己拥有相同价值观的团体或社群的一部分,是因为其在最初的时候并不是高级的掠食物种。在那时,人类表现出难以置信的团结,集结在一起,共同生活,与其他社群结盟,相互合作狩猎,并因共同的生存忧患而联合,以此征服地球,创造文明。

如今,人类大规模破坏环境并使许多动物物种灭绝,我们需要考虑一种新的、包含整个动物界(甚至可能是生物界)的团结方式。

**故事**

### 奥马尔和蚂蚁

奥马尔在做什么?他已经趴在草地上一动不动整整半小时了。他睡着了吗?不,他不时地转动脑袋。好像是在观察什么东西。

他在观察什么东西?

可这有什么好观察的?这里只有草!谁会花半小时一动不动地盯着草呢?奥马尔是不是疯了?

这个疑惑来自正在踢球的蒂奥,他是奥马尔的朋友。蒂奥厌倦了独自踢球。他觉得这样一点都不好玩。在他看来,任何独自一人开展的游戏似乎都不太好玩……

蒂奥朝远处的奥马尔喊:"嘿,奥马尔,你不想和我一起踢足球吗?我已经进球了,现在轮到你射门了!"

"不用了,"奥马尔回答,"我太忙了。"

"别跟我开玩笑了,"蒂奥回道,"你趴在草地上无所事事!"

全神贯注的奥马尔不再做出回应。

蒂奥抱着球,走近他的朋友。当蒂奥走到奥马尔身边的时候,他发现奥马尔正在透过手上的小物件观察着什么。

这个物件是什么?对,这是一把放大镜。蒂奥知道什么是放大镜。他的爸爸喜欢收集邮票,也有一把放大镜,用来观察邮票上的微小细节——放大镜可以放大东西。

"你在用放大镜看什么?"蒂奥问。

"啊,你真想知道呀?"奥马尔回道。

"来吧,告诉我。"蒂奥接着说。

"我正在观察蚂蚁。"奥马尔说。

蒂奥蹲在朋友旁边,俯身观察。

"可是,蚂蚁有什么有趣的呢?"他问。

"我观察它们很久啦,方才发生了很神奇的事情!"奥马尔回答。

"很神奇？真的吗？"蒂奥接着问。

"是的，太神奇了……当我开始观察蚂蚁时，那儿只有一只蚂蚁。它刚刚发现了一只被晒干的千足虫，并试图把它拖走。"奥马尔回答。

"它要把千足虫拖去哪里？"蒂奥问。

"当然是拖去它的窝里，"奥马尔回答，"它要养活它的整个家庭。但是千足虫的大小是它的十倍，靠它自己是无法拖动的。于是它喊来了一个朋友……"

"你听到它喊了？"蒂奥问。

"当然没有！"奥马尔回答，"蚂蚁可不会说话！实际上，蚂蚁是通过释放气味（就像香水）来寻求帮助的。我们闻不到这些气味，但是蚂蚁可以。当一只蚂蚁散发出'请帮帮我，这儿有食物！'的气味时，来自同一家庭的其他蚂蚁就会赶过来帮忙。"

"你是怎么知道这些的？"蒂奥问。

"啊，这个，"奥马尔说，"这是因为我在电视上看过一个有关昆虫的节目。如你所言，蚂蚁是非常聪明且团结的昆虫……"

"团结，是什么意思？"蒂奥问。

"好吧，看，我给你解释一下，"奥马尔回答，"当第一只蚂蚁开始拖千足虫时,它拖不动,于是它喊来了另一只蚂蚁。两只蚂蚁也拖不动,于是它们喊来了第三只、第四只、第N只蚂蚁。它们排成一长串,成功地将千足虫拖回了巢穴,看看它们在做什么!"

"这太难以置信了!"蒂奥惊叹,"这就是团结吗?"

"是的,它们聚集在一起做一件事,一下子变得有效率了……"奥马尔说。

"而且更强大!"蒂奥补充道,"在一起时我们就会变得更强大。这就像踢足球一样,如果我一个人对抗五个人组成的球队,我肯定会输掉比赛。"

"小棍子也一样。"奥马尔回道。

"小棍子,什么小棍子?"蒂奥问道。

"小木棍,就像我们用来串烧烤的小木棍。如果拿着一根小棍子,我们就可以很容易地把它折断。然而,如果拿着一把小棍子,我们就没法把它们折断了!"奥马尔说道。

"是的,"蒂奥赞同,"你说得对,团结在一起比孤军奋战好!而且,我们看到'团结(solidaire)'一词中还包含着'坚固(solide)'一词!我不知道这是不是有人刻意为之。"

"另外,"奥马尔补充说,"当我们足够团结,所有人都在一起时,我们就可以互补。例如,如果我会做一些你做不到的事情,那么我就可以帮助你。作为回报,你可以帮助我做一些我做不到的事情。"

"比如?"蒂奥问。

"我不知道,或许我们应该思考一下,"奥马尔回答,"通过对大自然的观察,我们会发现一些例子……"

"那么,我们团结在一起有什么好处呢?"蒂奥问。

> 问题拼图卡

# 核心问题:
# 团结重要吗?

第二部分　课程手册与问题拼图卡

## 构建论据的子问题清单

你是否曾经帮助过他人？
你帮他人做了些什么？

你是否曾经向他人寻求过帮助？
是为了做什么？
当时你的感受如何？

有没有什么事情是一个人
无法独自完成的？

对你来说，分享重要吗？
为什么？

安慰一个难过的人是
团结的表现吗？

照顾生病或贫穷的人
是正常的事吗？

你怎么看待一个只考虑自己、
不顾他人的人？

是否有必要关心他人？

# 拓展活动

## 讨论

如果团结只停留在想法上,那么它将毫无用处:为即将死于饥饿的孩子哀叹,无助于他获得食物。团结,既需要通过言语表达,也需要转化为具体的行动。

需要等孩子们到一定的年纪才能行动起来吗?

这里有 10 个情景可供讨论,我们可以与孩子们一起集思广益,针对每个问题,都可以找到一种或多种不需要花钱就能为他人提供帮助的方式。

- 邻居的房子被水淹了。
- 我的朋友病得很重,他一个人在医院里很无聊。
- 我在街上发现一只受伤的鸟。
- 公园里有很多纸屑。
- 一个小男孩在院子里受伤了。
- 一个朋友把点心忘在了家里。

- 一位年纪很大的邻居看不清他喜欢的报纸了。
- 有一个新同学总是一个人待在角落里。
- 在某些国家,儿童没有学习用品。
- 一个坐轮椅的朋友不能和我们一起踢足球。

# 11.

# 差异
## ——"我们是相同的还是不同的?"

## 主题的定义

### 共同的特质与发展历程

无论我们是男还是女,眼睛是棕色还是蓝色的,皮肤是白色、黑色还是黄色的;无论我们矮小还是高大,年轻还是年老,身材纤瘦还是丰满;无论我们的头发是棕色、金色还是红色的,是卷曲还是直顺的……这些小小的特质都是宝贵的、可见的。它们将我们区别开,是我们独特性的首要表现。

培养、展示和认可这些特质需要我们付出不懈的努力。每个人都有权以不同于他人的方式有尊严地生活。即使现有的社会审美准则告诉我们，必须看起来像某个电视明星，必须保持怎样的体重、怎样的身高、怎样的鼻子、怎样的耳朵——似乎这样我们才能被认定为一个符合审美的、合乎要求的，甚至是令人满意的人。包容，不是标准化，而是对个体差异的尊重。在这些外形和颜色差异的背后，我们不能忽略其本质：人类具有共同的生物学特征。这些特征将我们归为同一物种：有头颅、头发、鼻子、跳动的心脏、能思考的大脑和一套相同的遗传密码……更不用说我们还有情绪和情感，能设身处地为他人着想、理解他人、同情他人，与他人共患难、一起欢笑、同声赞叹。

另外，我们还应回顾人类的发展历程。现代人类的祖先诞生于数十万年前，然后逐渐创造了文明、文化，建立了国家。随着基因变化，我们为了适应不同环境的生存条件（如冷热、干湿……）而发生了变化，进而形成所谓的"不同种族"——需要注意的是，这一概念在科学上并无依据。

所以，可以说人类属于同一个大家庭。"博爱"并不是一个空洞的词。

## 差异是宝贵的财富

标准化将人类简化为一种机器,其唯一作用就是促使人们不断消费,盲目跟风,或不假思索地服从一些教条。与各种形式的统一标准做斗争,必须事先培养每个人成为独特的、可自由思考的、能按自己意愿行事的个体。

对小孩子来说,我们需要提醒他们记住每个人都有自己的特质和喜好,这些特质和喜好让每个人成为独一无二的完整个体,同时还需要向其强调尊重并认同这些特质的重要性。

有些人喜欢香草冰激凌,有些人喜欢巧克力冰激凌;有些人喜欢绘画、拼拼图,有些人喜欢踢足球、玩玩具车或娃娃;有些人喜欢学校,有些人讨厌学校;我们看的动画片不一样,让我们发笑的事情也不同……

我们还可以关注不同出身的孩子的家庭生活方式、传统及文化,同时强调包容,即我所在的家庭的想法和生活方式并不比别人家优越。

在我们开展的讨论和游戏中,需要特别强调这些要点。

## 差异创造了生命

我们必须强调这个显而易见的事实:差异创造了生命。

本质、性别或功能上的差异创造了生命,这些差异促进了生命的交流和互补。在动物界,雄性和雌性都是繁殖所必需的,花需要昆虫才能授粉,菌菇依赖树木生存,因为菌菇无法进行光合作用。正是不同元素的结合使地球上出现了生命。

在这个有机整体中,在这种生态平衡中,一切都很重要,没有一种生命形式可以凌驾于另一种之上。

面对年幼的孩子们,我们可以强调:人类需要水,也需要食物、阳光和空气。我们也可以谈谈花和蜜蜂的关系(花朵需要蜜蜂帮助授粉)、风和树的关系(风从远处带来种子)。大自然中到处都是互相交换、互相帮助和互相联系的例子。

## 一个没有差异的世界

我们也可以从美学角度理解差异:如果一切都完全相同,那么我们的感官就会非常无聊!

有必要请孩子们思考不同颜色、不同味道和不同气味给我们的生活增添的活力,正是这些有差异的事物让我们的感觉保持敏锐。想象一个仅剩一种颜色、只有一种水果或者除了狗之外没有其他动物的世界会是什么样的。

下厨时，通过混合各种食材，我们做出了美味佳肴；绘画时，通过混合各种基础颜色，我们获得了丰富的颜色，这些颜色让画面变得更加美丽……

有很多例子可以使孩子们意识到，正是差异使世界变得更加美丽，更令人愉悦，更有吸引力。交流也是如此：对立的观点为讨论提供了丰富的资源。此外，交流观点有助于我们更好地理解问题和发现真相。

**故事**

 **莉拉和萝拉的困境**

有些时候，莉拉和萝拉觉得受够了！

不得不说，这两个女孩有点特别：她们看起来就像两滴雨那么相像。是的，她们是双胞胎，是在各方面都相像的双胞胎：她们有相同的容貌、发色和眼睛颜色，而且她们的身高也完全相同！从她们出生的那一天开始，这种情况已经持续了七年！更糟糕的是，她们的父母给她们起了几乎相同的名字——莉拉和萝拉。这两个名字听起来很像,你们不觉得吗?当然,有时候有一个几乎一模一样的姐妹也挺方便的:她们可以确切地知道自己的样子,就像随时带着一面镜子一样!做鬼脸的时候也很方便,她们可以通过对方看到自己的表情;还有穿衣服的时候也很方便,她们可以通过彼此看出来奶奶织的毛衣很丑,一点也不适合她们!(不过,她们还是会穿,因为这是奶奶满怀爱意编织的……)

有时候,萝拉和莉拉会因为如此相像而感到烦恼。她们感觉彼此没有区别,而且因为完全相同,她们经常会被认错。

为了证明自身的独特性,她们喜欢去寻找一些仅属于自己的小细节。仔细观察她们,就会发现她们之间存在很多差异!

"看!"莉拉对她的妹妹说,"我的手比你的手大。"

"确实啊,你的手比我的手大,尤其是食指!"萝拉说,"我的嘴比你的嘴更大,吃冰激凌很方便!哈哈,真美味!"

"我呢,"莉拉补充,"我的鼻孔比你的大!很容易闻到厨房里散发出的香味,尤其是当爸爸正在制作他最拿手的巧克力蛋糕时!我可以在房子的任何一个角落闻到它的味道！"

"真好吃！"萝拉赞叹道，"爸爸制作的巧克力蛋糕真美味！"

互相打量完之后，莉拉和萝拉又比较了她们的眼睛和皮肤的颜色。仔细看，会发现萝拉的眼睛是咖啡般的棕色，而莉拉的眼睛是巧克力般的棕色。

"当阳光好的时候，"萝拉补充道，"我的皮肤会比你的皮肤颜色更深。"

"是的，"莉拉说，"我被晒红了，而你被晒黑了！"

还不止这些。虽然萝拉和莉拉看起来很相似，但她们的爱好截然不同。

莉拉说："我喜欢骑自行车！"

萝拉说："我更喜欢滑旱冰！"

莉拉补充说："我喜欢画画！"

萝拉接着说："我喜欢唱歌，啦啦啦！"

差异还不止这些……

一年前，莉拉就开始制作植物标本集：她去大自然里寻找花朵和树叶，将它们夹在书里晾干，然后粘在笔记本上。萝拉似乎不太喜欢这么做，她不够有耐心。但她很喜欢姐姐给她看植物标本集并告诉她那些叶子的名字："这个是橡树叶，这个是枫叶，这个是千金榆的叶子……"

萝拉呢，她已经收集了一百多张明信片：纽约的明信片上面印着自由女神像；巴黎的明信片上面印着埃菲尔铁塔……莉拉喜欢看它们，因为这让她感觉自己像是在旅行。

"我觉得我们的爱好不一样，我们有很多差异，这挺好的，"萝拉说，"这样我们就可以聊很多东西！"

"还有很多可以相互学习的东西，"莉拉补充说，"你教我你所知道的，我教你我所知道的。"

"如果我们完全相同，那会很奇怪吧？"萝拉说，"我们还会很无聊，不是吗？"

"是的，"莉拉赞同，"那样我们永远都会在所有事情上意见一致，这不好玩！"

"就像在自然界一样，"萝拉补充说，"如果只有红色的花，那就不怎么漂亮了。幸运的是，自然界还有黄色的花和蓝色的花。虽然它们都是花，但就像我们一样，它们之间也有很多差异。"

"对树木来说也一样，"莉拉说，"它们的叶子有大有小，有些是阔叶，有些是针叶；有些树的果实很小，例如榛树上的榛子，还有些树的果实很大，如梨树上的梨。"

"嗯嗯！"萝拉感叹（不难发现，萝拉比她姐姐更贪吃！），"我喜欢鲜美多汁的梨！"

"是的，"莉拉补充道，"但你能想象如果世界上只有梨树吗？那样，你会吃梨吃到厌烦的，不是吗？"

"当然，我也喜欢覆盆子和黑加仑！"萝拉说道。

这对姐妹可以像这样聊上好几个小时，因为她们都很健谈，而且都喜欢问对方问题。

"但是，我又弄不懂了！"莉拉朝天举起手臂惊呼，"总之，如果苹果树和梨树都是树，那么它们是相同的！但是，如果苹果树结苹果，梨树结梨，那么它们又不一样了！所以呢？它们到底是相同的还是不同的？"

"等等，让我想一下，"萝拉回答，"这是一个复杂的问题。"

莉拉和萝拉挠挠头，努力地思考。

"我认为这就像我们人类一样，"萝拉解释说，"一方面我们彼此相似，另一方面我们又各不相同……我们来尝试列个清单，写出人类所有相同的和不同的方面！"

"对，这是个好主意！这样也许可以回答我们的问题——我们是相同的还是不同的？"莉拉同意地点点头。

问题拼图卡

# 核心问题:
# 我们是相同的还是不同的?

第二部分 课程手册与问题拼图卡

## 构建论据的子问题清单

你知道哪些不同的颜色？
哪些不同的形状？
哪些不同的味道？
……

你觉得自己与别人不同吗？
具体表现在哪些方面？

如果我们比较两个人
（两个女孩，两个男孩，
或一个女孩和一个男孩……），
能发现他们有什么共同点？

如果我们比较两个人
（两个女孩，两个男孩，
或一个女孩和一个男孩……），
能发现他们有什么不同点？

所有人都能感受到情绪
（快乐、悲伤、愤怒和
恐惧……）吗？

所有人都能感知疼痛吗？

会不会有人看起来像
另一个人，但他们的想法
有所不同呢？

如果每个人看上去都
完全像你，你会乐意吗？

# 拓展活动

## 游戏

**物以类聚，人以群分**

可以通过游戏，让孩子们加深理解，引导他们探究更加个性化的主题，如每个人的喜好、文化背景、家庭和性格。通过游戏中不同的选择，孩子们会发现彼此之间的差异。随着游戏的进行，孩子们会自然地分成不同的小组，有时他们会聚在一起，有时则会分开。这个过程有助于大家更好地展现独特的个性和身份特征。

- 准备工作。将一幅代表太阳的海报挂在一面墙上，将一幅代表大海的海报挂在另一面墙上，也可以把它们直接放在地面上。
- 游戏规则。主持人下达口令，孩子们根据要求触摸代表大海或太阳的海报。主持人也可以增加难度，如要求孩子们在摸大海的时候单脚跳或四肢着地，或者两只脚并起来像兔子一样跳跃，也可以像蚯蚓一样爬行或模仿狗的动作……这样游戏会更有吸引力。

- 注意事项。主持人应明确表示孩子们可以遵从自己的内心,根据真实情况进行选择。主持人也可以补充说明,这个游戏没有所谓的"正确答案"。

以下是这个游戏的口令示例。

- 如果你是小孩,那么……去触摸大海……如果你不是小孩……去触摸太阳……
- 如果你家中有猫,那么……去触摸大海……如果你家中没有猫……去触摸太阳……
- 如果你家中有狗,那么……
- 如果你喜欢巧克力冰激凌,那么……
- 如果你喜欢香草冰激凌,那么……
- 如果你喜欢踢足球,那么……
- 如果你喜欢吃四季豆,那么……
- 如果你喜欢吃薯条,那么……
- 如果你(至少)有一个姐妹,那么……
- 如果你(至少)有一个兄弟,那么……
- 如果你喜欢上学,那么……
- 如果你喜欢游泳,那么……
- 如果你喜欢跳舞,那么……(跳着舞去触摸……)

# 12.

# 不公正
## ——"什么是不公正?"

## 主题的定义

### 不公正与挫败感

这个世界上确实存在着一些不公正现象,如犯罪、盗窃、判决有失公允、恶意伤害、流言蜚语和不公平待遇等,我们有时也可能成为其中的受害者。这些不公正事实上是对我们权利的侵犯。

但是,我们能否将自己的欲望转化成权利呢?自己认为应得的东西,是否就应该通过法律来赋予呢?幸运的是,在我们的国家中,我们的基本权利受到了法律的保障。但在现实生活中，当我们的某些欲望得不到满足时，我们可能会倾向于认为自己遭受了不公正的待遇。儿童因为沉浸在幻想中，没有完全融入现实，所以常常将真正的不公正（我的权利被侵犯）与未被满足的欲望（我未能得到自己应得的东西）混为一谈①。

## 偶然与必然

从"这是我的权利"到"这是我应得的"的语义转换造成了很多困惑。事实上，与其像小鸡卡利麦罗（Calimero）②那样总是说"这真是太不公正了"，不如说"这太可惜了""这太烦了""真气人""这太讨厌了"或"我很失望"。有时候，生活并不是故意和我们作对，那些不幸的事情大多数是偶然发生的。例如，在我计划出游的那天突然下雨了，或者我病倒了而我的邻居身体非常健康——这不是不公正，只是令人感到可惜、烦躁或失望而已。

教育者的工作是帮助孩子们管理自己的挫败感，而不是对偶然发生的事情耿耿于怀。

---

① 出自英国精神分析学家唐纳德·温尼科特的研究。
② 记得那只头顶着蛋壳的黑色小鸡（意大利的卡通形象"卡利麦罗"）的糟糕冒险吗？它最爱说的一句话就是："这真是太不公正了！"

# 从不公正的感觉到社会暴力

我们总是难以突破主观感受去接受他人的观点和现实,这种主观感受让我们认为自己正在经历的事情比别人正在经历的事情更加严重,我们面临的考验更加艰巨,我们的痛苦更加可怕。这种缺乏客观认知的信念有时会使我们认为世界充满了敌意,他人需要为我们的不幸负责。

轻微的偏执是许多潜在的或明显的社会暴力的根源。由于缺乏客观性和有效沟通,难以了解他人的生存现实,不少惊慌失措的人感觉自己受到了伤害和羞辱,从而采取了破坏性的防御措施。

学会清醒地看待事物,不受自身情绪和刻板观念的影响,对生活有所担当,摆脱习惯性的受害者姿态,这是调解冲突、进行非暴力沟通的基本前提。

**故事**

 奥马尔糟糕的一星期!

奥马尔刚度过了一个星期,但是这个星期……太糟糕了!

为什么呢？那是因为他在这星期的每一天都遭受了可怕的不公正对待！

"这是从周日开始的。"他向他的朋友蒂亚戈介绍道（蒂亚戈下午来和他一起玩）。

"为什么？"蒂亚戈问，"上周日发生了什么事？"

"你永远猜不到发生了什么！那天我要跟爸妈一起去动物园玩。我穿好运动鞋和外套，带上漂亮的相机和姐姐的双筒望远镜，但是……就在要出发的那一刻……开始下雨了！"

"哦，那后来呢？"蒂亚戈问。

"外出被取消了！"奥马尔回答，"我爸妈说，由于下雨，我们不能去动物园了，这不公正！我们可以穿着雨衣去啊，但他们什么也听不进去！我们只能待在家里做煎饼。这真的太不公正了！"

"可怜的奥马尔！"蒂亚戈回道，"你说得对！"

"这还没完，"奥马尔接着说，"星期一在学校，老师惩罚了班上的所有人，因为有人太吵了！可我说话声很轻，没有打扰任何人。我告诉老师了，可我仍然像其他人一样受到了惩罚！但是，那是莉拉在大声说话，还有露西、蒂奥和迈赫迪！他们受到惩罚很正常，可我是无辜的——我说话很小声！"

"可怜的奥马尔，这不公正，"蒂亚戈表示同意并问道，"那你受到了什么惩罚？"

"我们被噤声半小时！可这还没有结束，星期三我因为生病不能去踢足球，这不公正！外面是大晴天，我喜欢和朋友们踢足球。"奥马尔说道。

"怪不得我没看到你。"蒂亚戈说。

"唉，是的，"奥马尔说，"因为我发烧了，我因为发烧出了很多汗，整天都得躺在床上！"

"这真是不公正！"蒂亚戈回道，"我要是你的话，我会很生气的！"

"还有，"奥马尔说，"如果仅此而已，那还好，但是灾难还在继续！"

"不是吧？！"蒂亚戈惊叹道。

"是的！星期四晚上是我们家的汉堡日。爸爸下厨，用上好的碎肉饼、生菜和番茄为我们做美味的汉堡……他做的薯条超好吃！"奥马尔说道。

"嗯嗯，好吃！"喜欢吃炸薯条的蒂亚戈回应道。

"好吧，你永远猜不到发生了什么！"奥马尔气愤地说。

"啊,什么?"蒂亚戈问。

"爸爸比我吃了更多的薯条!他至少比我多吃了两倍!而且,无论我怎么抗议,他都不与我分享!"奥马尔答道。

"这真是超级不公正!"蒂亚戈指出。

"你也这么觉得吧?我当时真的很生气。"奥马尔说道。

"如此多的不公正,它们都不应该存在!"蒂亚戈回应。

"不止如此!"奥马尔继续说道,"还没结束。唉,星期五,我和妹妹妮娜一起去医院体检的那一天……你永远猜不到发生了什么!"

"快告诉我!"蒂亚戈等得不耐烦了。

"我都没法说这有多不公正了!"奥马尔说道。

"说吧,说吧。在医生那里发生了什么?"蒂亚戈继续问道。

"好吧,医生给我和妹妹做了检查。幸运的是,我们都没有生病,但之后……"奥马尔说道。

"之后怎么了?"蒂亚戈忍不住追问。

"他给我们称了体重,量了身高,"奥马尔说,"就在那时,糟糕的事情发生了,比我小一岁的妹妹妮娜,居然比我高2厘米!"奥马尔继续说道。

"什么?"蒂亚戈大喊,"你比你妹妹矮吗?!可这,这不公正啊!"

"我不明白怎么会有这种可能!"奥马尔补充说,"我甚至不知道会有人比他妹妹还矮。医生告诉我说,这说明不了什么,因为我们的发育速度并不相同,也许一年后我就会比她高了,但也可能不会!也许我一辈子都会比我妹妹矮!这不公正!"

"真的,我同情你,可怜的奥马尔。我不知道我能否忍受比妹妹矮的现实!"

"但是这还没有结束呢!这可怕的一周直到星期六才结束。我们去了玛格丽特姨妈家。因为我们每年只去看她一次,所以姨妈总是会送礼物给我和妹妹。好吧,你能想到吗?我妹妹收到了两个礼物,而我只有一个礼物!"奥马尔补充道。

"哦,这真的太不公正了!这是最严重的不公正!"蒂亚戈说。

"你也这么认为吧!"奥马尔说道。

蒂亚戈和奥马尔没注意到,当他们在奥马尔家的客厅里一边吃饼干一边聊天时,奥马尔的妹妹妮娜一直在听他们的对话。

"你在胡说八道,"妮娜一边说,一边走近他们,"我想你是忘了说礼物里的东西了……"

"我不知道礼物里的东西和这件事有什么关系,"奥马尔反驳他妹妹,"你有两个礼物,而我只有一个!这不公正,就是这样!"

"你只需要告诉蒂亚戈,礼物里有什么……"妮娜说。

"不!"奥马尔说。

妮娜抓起奥马尔和蒂亚戈正在吃的饼干的袋子。"另外,"妮娜补充说,"我请你注意,你们已经吃完了所有的饼干,没有给我留下一点!这也不公正!"

"我很抱歉。"蒂亚戈说,他的嘴里还塞着最后一块美味的饼干。

"你们应该思考一下你们刚刚说的话,"妮娜继续说,"尝试找些其他话语来代替'这不公正!这不公正!这不公正!',然后想想这个问题——有时我们喊'这不公正'是不是太快了?"

第二部分 课程手册与问题拼图卡

问题拼图卡

# 核心问题：
# 什么是不公正？

## 构建论据的子问题清单

你在家或学校是否经历过"不公正"的事情?当时你感觉如何?请举例说明。

你是否觉得有时候你可能也会对某人(妈妈、爸爸、朋友……)不公正?能举例说明吗?

你有没有在电视上或街头看到过"不公正"的现象?有哪些现象?当时你感觉如何?

被惩罚是一种不公正的现象吗?

生病是一种不公正的现象吗?

没有足够的食物,是一种不公正的现象吗?

如何纠正不公正的现象?

不公正的事情有大有小吗?

## 拓展活动

## 分类练习

**我们是不是抱怨得太多了?**

在这项练习中,我们可以以分类的形式进行讨论,尝试把问题理解得更清楚!

我们将要求孩子们根据事情是真正的不公正("这是真正的不公正"),还是只是令人讨厌或令人沮丧("这令人沮丧,但只能接受"),把下列事项分类填到表格的两列中。针对每个答案,他们都需要进行口头论证。

- 由于下雨,游乐园的游览活动被取消了。
- 在某些国家,有些儿童被迫参战。
- 不是每个人都有足够的食物。
- 我的父母要离婚了。
- 我又生病了。
- 我所在的球队输掉了篮球锦标赛的决赛。
- 我妹妹比我高5厘米。
- 我堂兄比我拥有更多的玩具。

# 13. 语言
## ——"话语有什么用?"

### 主题的定义

**在语言中思考**

没有语言,就没有思想:人类在语言中思考①。其他动物的交流方式还不完善,需要依靠本能来行动,它们的学习能力有限,无法通过抽象思维摆脱其自然属性的束缚。

在距今大约 7 万年前的认知革命时期,人类开始掌握口头

---

① 出自德国哲学家黑格尔(Hegel)的《精神哲学》(*Philosophie de l'esprit*, 1817)。

语言表达能力，这使智人得以统治地球。智人这种脆弱的生命，体能非常普通，无法与猛犸象、猞猁以及尼安德特人\*抗衡。倘若没有语言，智人便无法与同类合作，更无法围绕共同的信念团结起来。人类通过掌握语言得以团结，并创造最初的文明。权力也是通过语言实现的：一些人通过说服他人和诋毁对手①，掌握了凝聚人心和实现统治的手段。

## 话语的意义

说话，不是指简单地发出声音。话语表达了我们的思想，是一种自我表达和对世界、对他人的评价。话语是有意义的——既可以行善，也能造成伤害②。使用正确的话语来表达最接近真实想法的意思很重要。

词汇的丰富性和对话语含义的精确把握，对于深入分析我

---

\* 简称尼人，也被译为尼安德塔人，常作为人类进化史中间阶段的代表性居群的通称。——译者注
① 诋毁是一种强大的社会黏合剂。说某人的坏话会使个体围绕共同的敌人团结起来，能强化成员之间的联系。法国哲学家勒内·基拉尔（René Girard，1923—2015）通过"替罪羊"理论对这一现象进行了充分的研究。
② 鼓励的话语有助于我们的大脑释放催产素（爱的激素），似轻柔的抚摩一般减轻我们的压力；粗暴的话语则让我们在体内产生皮质醇、去甲肾上腺素和肾上腺素，增加我们的压力。

们周围的世界和我们自身的内在世界是十分必要的。如果我们缺乏词汇来表达自己是谁、经历了什么以及感受如何，那么由此产生的挫败感可能会通过攻击性行为或谎言来弥补。当没有合适的话语来为自己的行为辩护或表达一个难以言说的真相时，诉诸暴力或否认往往比理性论证更容易。

## 为了互相理解的话语

如果没有人倾听，话语就毫无意义。话语既然被说出来，就需要被接收。社会关系使我们的思想保持活力，让我们"在与他人的思想交流中不断磨砺自己[①]"。由于对话总是存在相异性，所以互相理解并不容易，这里的"理解"有两层含义：一是因为倾听而理解（"我听到了你对我说的话"），二是与朋友相处融洽（"我和你相处得很好"）。

互相理解意味着在语言上达成共识，赋予词语相同的语义和相同的内涵。哲学讨论的全部意义在于调整对概念的理解，明确其定义。这是理性思考所需的概念化工作，也是哲学辩论

---

① 出自法国哲学家蒙田（Montaigne）的《随笔集（第一卷）》（*Essais，Livre 1*，1580）。

的核心。

但是，遗憾的是，即使如此严谨，我们也无法保证每个人都对话语产生共鸣：我们可能会花费数小时针对某些主题进行交谈，却仍无法确认我们是否在准确地谈论同一件事——这真是令人绝望啊！

## 故事

###  露西和卡蒂嘉的闲谈

露西和卡蒂嘉是两个话痨！她们是世界上最好的朋友，而且无话不说。她们在同一个班级里，有时等不到课间休息就开始聊天，然后就会被老师训斥。

叽叽喳喳！啰啰唆唆！

唠唠叨叨！喋喋不休！

可她们到底在说什么？你们觉得呢？

对，她们什么都说。

她们会聊早餐吃了什么——

"今天早上，"露西说，"没有巧克力麦片了，所以我吃了巧克力酱吐司。"

"嗯嗯，我超爱巧克力酱，"卡蒂嘉回应道，"我吃了一块草莓果酱煎饼。"

她们会聊与父母一起做的事——

"周日，我们去了公园，"卡蒂嘉解释说，"那儿有很多人，我甚至看到了双胞胎莉拉和萝拉，我们吃了华夫饼。"

"我就待在家里，跟我的洋娃娃玩，"露西说，"然后我表弟马里于斯来了，我们玩了填色游戏。"

有时候，卡蒂嘉和露西会彼此说一些小秘密，倾诉自己的小烦恼——

"我现在受够我姐姐了，"卡蒂嘉说，"她把音乐放得太大声了，吓到了我的侏儒兔彭彭。"

"小可怜！"露西回应道，"我有一个秘密要告诉你，但你不能告诉任何人。你能向我保证吗？"

"好的！"卡蒂嘉答道。

"绝对不能说啊，不然别人会把我看成小宝宝的！"露西说道。

"来吧，说吧，"卡蒂嘉说，"我答应你，我什么都不会说！"

"那么我告诉你……"露西小声说。

露西在她朋友的耳边低语："我害怕独自在漆黑的房间里睡觉！"

"我永远永远都不会说出去的。"卡蒂嘉说。

但有时,露西和卡蒂嘉也会吵架,她们会对彼此说一些不友好的话。好吧,是的,即使是世界上最好的朋友之间也会发生这种事。她们会互相倾诉心事,有时也会因为彼此而生气。她们也会说一些伤人的话,有时她们会喊叫,甚至有时其中一个人会在角落里闷闷不乐或哭泣。因为那些难听的话可能会像一个巴掌一样让人感到疼痛。

幸运的是,争吵永远不会持续太久,她们很快就和好了。她们互相亲吻脸颊,说着道歉的话语——

"我很抱歉,"卡蒂嘉说,"我说的不是我的真心话。"

"我也请你原谅我,"露西回应,"我说了一些不好的话,我不该那样说的。"

然后一切都被原谅了,两个好朋友又手拉手一起玩了。

"我想知道动物是否也会吵架。"卡蒂嘉说。

"不像我们,"露西回应道,"它们没有语言,但它们会用叫声来表示自己不高兴或害怕。"

"就像鸟一样,"卡蒂嘉补充道,"有时它们唱歌,有时它们尖叫,你注意到了吗?"

"是的,就像狗一样,有时它们叫得很大声来吓唬人,有时它们摇尾巴,表示它们很高兴。"

"这是狗的说话方式,摇尾巴或者露出牙齿!"

"我在电视上看到大猩猩,"露西解释说,"它们会拍打胸口,告诉其他猩猩'别靠近我,否则我会生气'。"

"好像蜜蜂会跳一种舞蹈,通过舞蹈向其他蜜蜂指出哪里可以采到好的花蜜……"

露西补充道:"蒂奥告诉我,奥马尔跟他说蚂蚁会用气味来交流信息,当有重要的事情要告诉同伴时,它们就会散发出这种气味,比如当有危险或有食物的时候……"

"可事实上,"卡蒂嘉回应道,"我们也可以啊,我们也可以不开口去交流一些事情!"

"是吗?那我们怎么做呢?"露西问。

"等等,看一看并试着猜一猜……"卡蒂嘉说。

卡蒂嘉做了一个手势:"这很简单,意思是'你好'。"

卡蒂嘉将食指放在嘴上:"这个意思是'嘘'。"

卡蒂嘉用食指轻点自己的头:"这个意思是'你有点疯'。"

卡蒂嘉将手放在张开的嘴前:"这个意思是'我累了'。"

卡蒂嘉用双手比出心形:"这个意思是'我爱你'。"

最后一个动作,卡蒂嘉只是扬了扬眉。

"呃,"露西说,"我觉得这个意思是'我不高兴,要是你不立刻整理好你的房间,你就给我当心着点'。不管怎么样,这就是我妈妈对我说话时的表情!"

两个小伙伴哈哈大笑起来。

"等一下!"露西有点疑问,"如果动物不讲话就能表达自己的意思,而人类也可以在不张嘴的情况下交流一些事情,那么话语有什么用呢?"

第二部分 课程手册与问题拼图卡

> 问题拼图卡

# 核心问题:
# 话语有什么用?

## 构建论据的子问题清单

对你而言,与他人(父母、朋友……)讨论重要吗?为什么?

你有没有找不到合适的话语来表达自己想法的时候?这种感觉是令人愉快的,还是令人不愉快的?

说话和发出声音,有什么区别?

动物会"说话"吗?它们说的话与人类说的话有什么区别?

我们会不会明明在说话却其实什么也没说?为什么?

一些话会对他人造成伤害,而另一些话会让他人感到高兴,对吗?

如果没人听,那么说话还有意义吗?

如何在不说话的情况下让其他人理解自己的意思?

第二部分 课程手册与问题拼图卡

# 拓展活动

文字用于讲述、描述、表达自我、解释、思考、辩论、说服、吸引……但有时它们只是为了娱乐。自古以来,很多作家就以各种可能的方式做文字游戏。例如:超现实主义的创始人安德烈·布勒东(André Breton)在《可溶化的鱼》(*Poisson soluble*,1924)中,运用了"自动写作"的方式;纪尧姆·阿波利奈尔(Guillaume Apollinaire)在《图画诗》(*Calligrammes*,1918)中,赋予诗歌以图画的形式;雷蒙·格诺(Raymond Queneau)在《风格练习》(*Exercices de styles*,1947)中,以99种不同的方式讲述同一个故事;乔治·佩雷克(Georges Perec)在《消失》(*La Disparition*,1969)中,删除了法语中常用的字母"e"……

来读一些"迷惑耳朵"的句子吧。句子本身是有意义的,然而,一些喜欢文字游戏的人故意让这些句子听起来像噪声!这些就是"迷惑耳朵"的把戏!

这里有几个典型的例子:

- Si six scies scient six ifs, six cent six scie scient six cent six ifs.

"如果六把锯子锯六棵紫杉,那么六百六十把锯子锯六百六十棵紫杉。"

- Si six scies scient six saucisses, six cent six scies scient six cent six saucisses aussi.

"如果六把锯子锯六根香肠,那么六百六十把锯子锯六百六十根香肠。"

- Si ton tonton tond ton tonton, ton tonton tondu sera.

"如果你的伯伯给你的叔叔剃头,你的叔叔就会被剃成光头。"

每读完一个"迷惑耳朵"的句子(为了获得最佳效果,请快速且无语调地读),我们都可以询问孩子们:这句话是有意义的,还是噪声?

# 14.

# 情绪
## ——"没有情绪的生活会是什么样的?"

## 主题的定义

### 六种基本情绪

在出生几周后,人类便具备了六种基本情绪:快乐、悲伤、愤怒、恐惧、惊讶和厌恶。这些情绪是与生俱来的、自然的(我们无法控制它们的出现)、普遍的(无论是在哪里出生的人都有这些情绪),并且专属于所有哺乳动物(狗和鲸鱼都有这些情绪)。

随着年龄的增长,通过与他人的互动,我们会发展出新的、更复杂的情绪,例如羞耻、自豪或害羞。这些次级情绪被称为"社交情绪",是人类特有的,因为人类的大脑比其他哺乳动物的大脑更发达。

## 情绪同化的核心

情绪是我们与世界和他人建立联系的核心。大多数情绪是天生的,是人类共有的,并且是我们能够与他人换位思考的重要基础。例如,一些神经学测试表明,基本情绪能在我们意识到它们之前就"撬动"我们的潜意识。例如,在我们认出一个人之前,我们的大脑就能够识别出这个人的面部表情。甚至在不知道对方是男还是女,是陌生人还是熟人之前,我们就已经能够识别出对方的快乐、悲伤、愤怒或恐惧……

这种潜意识在我们与他人的关系中起着决定性的作用。我们能够与他人共情,也就意味着我们的情绪会与周围人的情绪互相呼应。有了情绪同化能力,我们就可以对他人的情绪做出适当的回应:面对悲伤的人表现出体贴,面对神经紧张的人表现出谨慎,等等。这种读懂同类情绪的能力,是我们获得他人信任和建立良好人际关系的关键<sup>①</sup>。

## 情绪让我们的生活多姿多彩

尽管我们希望避免经历某些情绪,例如恐惧或悲伤,但我们必须记住,如果没有这些情绪,世界将是灰色的、单调乏味的。重要的是,某些消极情绪会向我们发出信号,提醒我们注意潜在的危险和我们可以承受的极限。除此之外,体验积极情绪和消极情绪可以使世界变得生动和充满活力。情绪使我们保持警觉,促使我们做出决定,为我们提供力量:愤怒促使我们采取行动,快乐促使我们分享,恐惧促使我们调动自己的力量,悲伤让我们学会放手,厌恶让我们保持距离,惊讶让我们去探索和发现。

情绪在记忆事件方面起着重要的作用:情绪越强烈,我们脑海中相关的记忆就会越深刻。这就是为什么我们能够清楚地记得,当我们得知某个令人悲伤的消息时我们正在做什么。

---

① 并非每个人都能如此。在美国情景喜剧《生活大爆炸》(*The Big Bang Theory*)中,谢尔顿·库珀(Sheldon Cooper)虽然是一位物理学天才,但他无法察觉周围人的情绪,这使他交友变得非常复杂,并使他成为社交不适应者,而他接连不断的笨拙行为让我们忍俊不禁。

> **故事**

 **迈赫迪疯狂的一周！**

今天早上，迈赫迪的脑袋里好像发生了一些事情。一些奇怪的事情……

其实，说是在他的脑袋里，这并不准确……更像是发生在他的……肚子和……心里，还有一点在他的指尖……说实话，这几乎发生在他身体的每个地方！

到底是什么事情？

迈赫迪坐在床上，忍不住地笑……

今天早晨，他感觉到强烈的喜悦。这个奇怪的感觉让他想笑，想唱歌，想跳舞，甚至想在床上蹦蹦跳跳（但最好不要这样做，因为这会使妈妈非常生气）。

但这会是什么呢？

是什么让迈赫迪感到如此强烈的喜悦呢？

你们觉得呢？……

嗯，对，今天是迈赫迪的生日！他在脑海中构想即将发生的一切，这让他兴奋不已。

将会有……

他所有的好朋友：莉拉、萝拉、奥马尔、露西、蒂奥、卡蒂嘉、露娜和其他所有人!

将会有……

一个变魔术的小丑!

将会有……

一些礼物——好吧,他希望有!

一个插着七根蜡烛的蛋糕,其中一根蜡烛能发出音乐声!

这将会是一场配着五彩纸屑、彩带和气球的盛宴!

啊,我们可以说今天是比昨天更好的一天。

为什么呢?

那是因为昨天对迈赫迪来说真是可怕的一天。他经历了生命中最大的恐惧!

不仅仅是一种恐惧……他经历了许多不同的恐惧!

哪些?

首先,有一只巨大的蜘蛛落在他的头上,抓住了他的头发!

然后,他的朋友蒂奥突然到他背后吓他一跳,对他说:"哇!"

再然后,有一条巨大的狗在街上对着他狂吠,想要咬他!

最后，他睡觉时总觉得屋子里有鬼，迟迟无法入睡。

今天还是比前天更好的一天，你们知道为什么吗？

因为前天的气氛就像空气中有闪电一样紧张！

首先，迈赫迪很生气，这是因为他的红色马克笔被偷了……

然后，露西愤怒地大喊，因为一个大个子在食堂里把她撞倒了。这真的很不友好，他甚至都没有道歉。

再然后，迈赫迪的妈妈对他哥哥很生气，因为他哥哥不想做作业。她骂了他哥哥一顿，他哥哥还挨了罚。

最后，是因为他的姐姐伊内斯不想把他最喜欢的书还给他，那是爷爷送给他的，书上印着漂亮的动物图片。迈赫迪和伊内斯争吵不休，各自扯着书的一边，结果呢？……当然，那本书被扯破了。

迈赫迪看着他那本被扯成两半的书，仿佛被巨大的悲伤淹没……眼泪不禁流了下来，鼻涕也开始流淌……

噢，但他并不是唯一一个感到难过的……伊内斯看到自己的所作所为也哭了。她很清楚这是迈赫迪最喜欢的书，她也喜欢这本书。于是她道歉，去安慰她的弟弟。但是，损坏已经造成了。

"我会修好它的。"伊内斯抽泣着说……

她上次感到这么难过还是在她的小仓鼠奇吉塔去世的那天，或者是在她最好的朋友佩莱恩转学并搬到另一个城市的那天。

　　那天，伊内斯和佩莱恩相拥而泣。伊内斯沮丧了好几天：她笑不出来，吃不下饭，甚至不想离开房间。

　　幸运的是，她的悲伤并没有持续很久。伊内斯可以继续通过电话与她的朋友佩莱恩聊天，而且她又遇到了新朋友……

　　今天早上，伊内斯真是满心雀跃，因为她有一个很棒的主意……

　　是什么主意？

　　她要用省了好几个星期的零花钱，给弟弟买一本新的动物书，一本更漂亮的书。

　　当然，这本书是她今天要送给弟弟的生日礼物。

　　嘘！他还不知道。这是一个惊喜！

　　你们会跟我说，对于迈赫迪来说，这是充满各种情绪的一周：快乐、悲伤、愤怒、恐惧……对于一个小男孩来说，这些情绪太多了！但是如果没有这些情绪，生活将会如何？

问题拼图卡

# 核心问题:
# 没有情绪的生活会是什么样的?

## 构建论据的子问题清单

我们有哪些情绪？你可以说出几种吗？

选择刚才说到的一种情绪，讲讲与这种情绪有关的一件事。

与朋友或父母分享情绪重要吗？为什么呢？

恐惧有助于险中求生吗？如何实现？

快乐可以帮助我们结交朋友吗？如何实现？

愤怒有用吗？为什么？

厌恶如何阻止我们做傻事？

我们的情绪会使生活更美好吗？

# 拓展活动

## "情绪骰子"游戏

可以开展"情绪骰子"游戏,这是一个练习情绪词汇并思考其功能的游戏。

1. 目标:鼓励孩子们用语言来表达六种基本情绪。

2. 准备:根据下页的图,裁剪、粘贴、组合出两个情绪骰子。

3. 游戏规则:掷出两个骰子,然后回答问题。

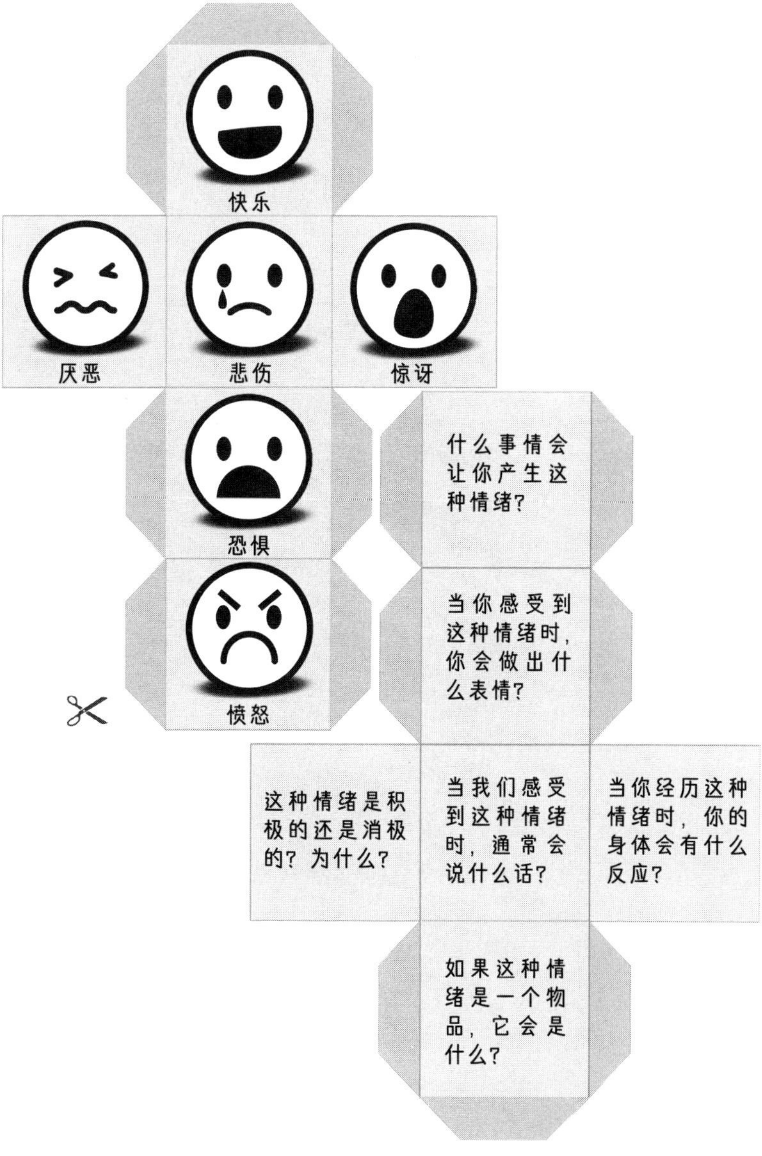

第二部分 课程手册与问题拼图卡

|  | 快乐 |  |
|---|---|---|
| 厌恶 | 悲伤 | 惊讶 |
|  | 恐惧 | 什么事情会让你产生这种情绪? |
|  | 愤怒 | 当你感受到这种情绪时,你会做出什么表情? |
| 这种情绪是积极的还是消极的?为什么? | 当我们感受到这种情绪时,通常会说什么话? | 当你经历这种情绪时,你的身体会有什么反应? |
|  | 如果这种情绪是一个物品,它会是什么? |  |

# 15.

# 幸福
## ——"幸福是什么?"

## 主题的定义

### 拥有

当我们想到幸福时,我们首先想到的是拥有。例如:对于孩子们来说,收到礼物是非常幸福的时刻;对于许多成年人来说,幸福意味着拥有某些东西,如房子、汽车、金钱等。幸福也可以是一种社会认可,如有头衔,有文凭,有荣誉,在社交网络上被"点赞";幸福还可以指有情感生活,有爱,有家庭……

当我们将幸福视作拥有,即默认了幸福源自外部而非内心,它的意义在于满足我们的需求。

但是,即便在这种唯物主义的幸福观中,人们可能也会想知道:需要拥有多少外在物才能幸福?我们应该无休止地积累以满足我们的欲望,还是仅满足自身的基本需求呢?伊壁鸠鲁(Epicurus)学派认为幸福基于快乐,其意义在于满足自身的基本需求,而欲望是人痛苦的根源。古希腊哲学家伊壁鸠鲁不提倡放纵感官,他主张一种适度的、有节制的,甚至禁欲主义的和追求超凡①的享乐主义②。

## 行动

诚然,在头顶没有屋瓦、生活不舒适,甚至吃不饱肚子的情况下,幸福无从谈起③,但我们也要意识到,使我们快乐的还有我们经历的事情,例如:有趣的或艺术性的活动、家庭聚餐、一个拥抱、一场宴会、一场与朋友的讨论,以及户外活动,如去动物园、森林、公园、海边或山里……

当我们问孩子们为什么他们会在过生日的时候感到幸福

---

① 源自希腊语"ataraxia",即没有烦恼,心灵平静。
② 源自希腊语"hedonê",即快乐。
③ 生理需求是美国社会心理学家亚伯拉罕·马斯洛(Abraham Maslow)提出的人类需求金字塔最基础的部分。

时,他们不假思索地回答这是因为他们收到了礼物。经过一番追问,他们开始意识到这是因为与家人或朋友在一起聚会、玩耍,这些体验也是这个特殊时刻的幸福感的来源。

除了单纯的"行动",我们的幸福还在于"行动"的方式。例如,追求优美的姿态或完美的动作,这也是伟大的艺术家、音乐家、舞蹈家及一些运动员所具备的特质。这难道不是以生活美学追求幸福的一种方式吗?

## 内心

幸福也是一种心态(一种存在方式)、一种对生活的态度。有时爱、金钱、荣誉和积极的生活不足以使我们幸福。幸福更多地取决于我们的内在力量——一种看待事物和安排生活的方式。它让我们适应日常事件,坦然应对外来事物,无论这些事物是正面的还是负面的。

每个人在应对外来事物时的表现不尽相同,这种表现在很大程度上取决于我们的生理构造。一些研究表明,能够分泌令人快乐的激素①的人更容易获得幸福:简单的生活乐趣可以使

---

① 这种激素能够促使我们的身体生成血清素、多巴胺、内啡肽和催产素……

他们受益良多……这多不公平啊!

我们在童年建立的安全依恋①、幼时收获的友善、因为爱产生的自信和自尊心,决定了我们能否从艰辛中挣扎出来,从生活挫折中修复自我,并展现出坚忍的意志——这些同样影响着我们的幸福感。

**故事**

 露西的乐事

今天早上,究竟有什么事情让露西如此高兴呢?

刚刚睡醒,露西的嘴角就挂着灿烂的笑容,仿佛对美好的一天充满了期待。

在楼梯上,她想唱歌,想跳舞。一切对她来说似乎都是快乐和愉悦的:阳光从窗户照射进来,抚摸着她的脸颊,脚下的地毯如奶油般柔软,爸爸的电热咖啡壶发出轻微的咻咻声。爸爸跑遍了整个屋子,到处找他的袜子,和往常一样,他上班要迟到了!

---

① 此处使用了英国发展心理学家约翰·鲍比(John Bowlby,1907—1990)的依恋理论术语。

"该死，真该死！"露西的爸爸一边上蹿下跳，一边惊呼，"我敢肯定，我刚才把那双袜子放在床上了，但它们消失了。这不是第一次有东西失踪了！我敢肯定，这幢房子里有一只老鼠背着我藏东西！"

"再换一双袜子吧，"露西的妈妈回应道，"你的抽屉里有好多双袜子！"

"不，不，不，"露西的爸爸说，"你不明白，是我的红袜子不见了——我的幸运袜子！今天上午，我有一场非常重要的工作会晤，我必须穿我的幸运袜子出门！"

露西突然大笑起来，今天早上什么事都能让她发笑！

"早上好，亲爱的，"爸爸对她说，"你有没有碰巧看见我的红袜子？"

"没有，爸爸，"露西回答，亲了亲爸爸的脸颊，"但是我确定房子里没有老鼠，否则彼得会抓住它的！"

彼得是他们家猫的名字。彼得是一只黑毛大猫，喜欢抓捕不小心冒险闯进他们家的老鼠。

在厨房里，热巧克力牛奶的香味让露西的鼻孔都陶醉了。她把脸凑近装牛奶的碗，闭上眼睛。巧克力牛奶的热气温暖了她的脸颊。嗯，皮肤上这种温暖湿润的感觉真舒服……

"哦，"露西的妈妈看到女儿灿烂的笑容时说道，"你好像心情很好！是什么让你这么开心？"

"我不知道，"露西回答，"但我觉得一切都很美妙！"

露西一边大口吃着美味的早餐，一边在想为什么她今天早上这么开心。

她在嘴里塞了一大片杏酱面包。这种甜美的水果味给她带来极大的愉悦。好像这是她生命中吃到的第一片杏酱面包！啊，如果今天早上她嘴里的小小味蕾会说话，它们可能会尖叫："哇喔！"

露西马上要在学校里见到她的朋友卡蒂嘉了，她有很多话要跟卡蒂嘉说。

哦，天哪，她迫不及待了！

她首先要向卡蒂嘉介绍她和父母一起去电影院看的动画片。这部动画片很棒，露西还吃了一包焦糖爆米花。但是真正美妙的是，她可以和爸爸妈妈一起外出，还不用带着小弟弟。这样的情况已经很久没有发生了。

当然，露西很喜欢她的弟弟。他只有6个月大，就已经会对她微笑了！她喜欢抱他、亲他。但是，当她的小弟弟在奶奶家时，爸爸妈妈就是她一个人的了，那种感觉还是很不错的。

露西会向她的朋友提出成千上万的问题，以弄清楚朋友周末都做了什么……

卡蒂嘉应该是去了她表姐家,毫无疑问,她会有很多事情要告诉露西!啊,即使没说什么很重要的事情,和好朋友在一起也会让露西充满欢喜!

当她骑自行车去上学时,她的心在歌唱。她设法驶过人行道边的所有水坑,骑行在遇到的所有枯叶上,这真是太有趣了!

当她路过面包店时,她向店员玛丽莲大声打招呼,玛丽莲正在忙着做面包和糕点。露西记得她的口袋里有些零钱,她今晚要用这些钱来买糖果。哦,不需要太多糖果,一根小棒棒糖就足以让她开心!

当她走进校园时,有几个朋友在踢足球。这些欢乐的场景使露西感到高兴——大家笑着,吵着,互相击掌。

露西不太喜欢踢足球,但她喜欢看球。当球员进球时,她就像自己进球一样快乐。

那不是很奇怪吗?

露西想知道:"我们也可以为别人感到幸福吗?"

这真奇怪。

那么,幸福到底是什么呢?

**问题拼图卡**

# 核心问题:
# 幸福是什么?

## 构建论据的子问题清单

什么能让你感到幸福呢？讲述一下生活中让你感到非常幸福的某个时刻或某件事。

当你感到幸福时，你会有什么感觉？尝试描述一下身体的感受，并思考一下你将如何表达自己的幸福。

拥有想要的一切就会幸福吗？

做想做的一切就会幸福吗？

快乐和幸福是一回事儿吗？

我们可以一直快乐，还是只能快乐一小段时间？

独自一个人会幸福吗？还是必须几个人在一起才算幸福？

当我们喜欢的人遭遇不幸时，我们还能感受到幸福吗？

# 拓展活动

## 看图说话

可以要求孩子们从一组图片中选择两张在他们看来"最幸福"的图片。然后,邀请他们解释选择这些图片的原因。

图片上可以呈现一堆礼物、很多钱,也可以呈现孩子们去动物园玩、打游戏、过生日或在海边玩的场景。